POÈTES ET ÉCRIVAINS DE BOURGOGNE

Anthologie Géographique

Editions Roudil

I.S.B.N. 2 - 85044 - 168 - 6

PIERRE JABOULET-VERCHERRE

POÈTES ET ÉCRIVAINS DE BOURGOGNE

Anthologie Géographique

AVANT-PROPOS

Cette anthologie est un hommage rendu à la Bourgogne par la voix de quelques-uns de ses plus éminents poètes, écrivains et philosophes du XVIe siècle à nos jours. Le parti pris de l'auteur est précisément d'avoir eu le souci d'éviter le parti pris. Différents courants de sensibilité et des familles spirituelles parfois contradictoires se côtoient dans ce livre dont l'objectif premier consiste à mettre en relief de grands noms qui appartiennent au patrimoine culturel de notre région. Ainsi, au fil de ces pages, rencontrera-t-on aussi bien Bossuet que Buffon, Lacordaire, Crébillon, Lamartine ou encore, plus près de nous, Marie Noël.

L'originalité de cette anthologie consiste, notamment, à avoir classé par ordre alphabétique les villes où sont nées ou bien ont vécu quelques célébrités dont l'écriture a été un moyen d'expression très représentatif.

Ce panorama donne un aperçu de la richesse de l'histoire littéraire de la Bourgogne. Compte tenu de la floraison de poètes, d'écrivains et de philosophes qui, à tous les moments de l'Histoire, s'illustrèrent dans cette région, ce livre n'a évidemment pas la prétention d'être exhaustif. L'auteur s'est volontairement limité aux quatre départements qui forment la Bourgogne d'aujourd'hui : la Côte-d'Or, la Nièvre, la Saône-et-Loire et l'Yonne. Il faut cependant se souvenir qu'autrefois cette ancienne province de France débordait largement sur l'Ain, l'Aube et la Haute-Marne.

Arnay-le-Duc

(Côte-d'Or)

Des Périers

(né à Arnay-le-Duc entre 1500 et 1510 - mort vers 1544)

Le poète et philosophe Bonaventure Des Périers eut une bien singulière existence. On sait qu'il fut valet de chambre de Marguerite de Valois, reine de Navarre, sœur de François Ier et que, dans ce que l'on a appelé un "transport de fièvre", il se tua d'un coup d'épée. Outre des traductions de Platon et de L'Andrienne *de Térence, il est l'auteur, notamment, d'un ouvrage qui, à l'époque, faillit le conduire au bûcher. Il s'agit de son fameux* Cymbalum mundi. *"Cet ouvrage,* nous dit Larousse, *d'une forme enveloppée et obscure, paraît être une satire allégorique des croyances et des opinions des hommes, et le titre semble indiquer qu'aux yeux de l'auteur, elles ne sont pas plus dignes de fixer l'attention que le bruit des cymbales." Marguerite de Valois protégea, fort heureusement, des persécutions l'intrépide littérateur qui se riait aussi bien des catholiques que des protestants.*

Des Périers fut accusé de ruiner les fondements du christianisme. Cet auteur, de nos jours ignoré par le plus grand nombre, s'exprimait dans un style vif et spirituel. Il publia des vers qui ne valaient pas sa prose, et de celle-là ses contem-

porains ne retinrent que la comparaison qu'il fit entre les croyances du vulgaire et le bruit des cymbales. Cet esprit indépendant, qui vouait aux plaisirs un goût très vivace, avait pour devise deux mots : loisirs et liberté.

Le texte qui suit demeure très volontairement écrit dans la langue de l'époque pour mieux en apprécier la musique et les tournures.

DU SAVETIER BLONDEAU, QUI NE FUT ONCQ[1] EN SA VIE MELANCHOLIC QUE DEUX FOIS, ET COMMENT IL Y POURVEUT.

"A Paris sur Seine trois batteaux y ha[2] " ; mais il y avoit aussi un savetier que l'on appeloit Blondeau, lequel avoit sa loge près la Croix du Tiroir[3], là où il refaisoit les souliers, gaignant sa vie joyeusement, et aymoit le bon vin sus tout, et l'enseignoit volentiers à ceux qui y alloyent : car, s'il y en avoit en tout le cartier, il falloit qu'il en tastast, et estoit content d'en avoir davantage et qu'il fust bon. Tout le long du jour il chantoit et resjouissoit tout le voisiné. Il ne fut oncq veu en sa vie marry[4] que deux fois : l'une, quand il eut trouvé en une vieille muraille un pot de fer auquel y avoit grande quantité de pièces antiques de monnoye, les unes d'argent, les autres d'aloy[5], desquelles il ne sçavoit la valleur. Lors il commença de

1. Jamais. — 2. C'est le premier vers d'une chanson qui courait alors. — 3. Ou du Trahoir. Elle se trouvaitr au coin des rues Saint-Honoré et de l'Arbre-Sec. — 4. Ennuyé. — 5. D'alliage.

devenir pensif. Il ne chantoit plus, il ne songeoit plus qu'en ce pot de quinquaille. Il fantasioit[1] en soi-mesme : "La monnoye n'est pas de mise ; je n'en sçaurois avoir ny pain ny vin. Si je la montre aux orfèvres, ilz me deceleront ou ilz en voudront avoir leur part, et ne m'en bailleront pas la moitié de ce qu'elle vaut." Tantost il craignoit de n'avoir pas bien caché ce pot et qu'on le lui desrobast. A toutes heures il partoit de sa tente pour l'aller remuer. Il estoit en la plus grand'peine du monde ; mais à la fin il se vint à recongnoistre, disant en soi-mesme : "Comment ! je ne fais que penser en mon pot ! Les gens cognoissent bien à ma fasson qu'il y ha quelque chose de nouveau en mon cas. Baa ! le diable y ait part au pot ! il me porte malheur." En effet, il le va prendre gentiment et le gette en la rivière et noya toute sa melancholie avec ce pot. Une autre fois il se trouva fasché d'un monsieur qui demeuroit tout vis-à-vis de sa logette ; au moins il avoit sa logette tout vis-à-vis de monsieur, lequel quidam monsieur avoit un singe qui faisoit mille maulx au povre Blondeau, car il l'espioit d'une fenestre haulte quand il tailloit son cuir et regardoit comme il faisoit ; et aussitost que Blondeau estoit allé disner ou en quelque part à son affaire, ce singe descendoit et venoit en la loge de Blondeau, et prenoit son trenchet et découppoit le cuir de Blondeau comme il l'avoit veu faire ; et de cela faisoit coustume à tous les coups que Blondeau s'escartoit. De sorte que le povre homme fut tout un temps qu'il n'osoit aller boire ny manger hors de sa boutique sans enfermer son cuir. Et si quelques fois il oublioit à le serrer, le singe n'oublioyt pas à le luy tailler en lopins, chose qui lui faschoit fort, et si n'osoit pas faire mal à ce singe, par crainte de son maistre. Quand il en fut bien ennuyé, il delibera de s'en venger. Après s'estre bien apperceu de la maniere qu'avoit ce singe, qui estoit de faire en la propre sorte qu'il voioyt faire : car, si Blondeau avoit aiguisé son trenchet, ce singe l'aiguisoit après luy ; s'il avoit poissé du ligneul[2], aussi faisoit ce singe ; s'il avoit cousu quelque carreilure, ce singe s'en venoit jouer des coudes comme il luy avoit veu faire ; à l'une des fois Blondeau aiguisa son trenchet et le fit couper comme un rasoir, et puis, à l'heure qu'il veid ce singe en aguet, il commença à se mettre ce trenchet contre la gorge et le mener et ramener comme s'il se fust voulu egosiller[3]. Et quant il eut fait cela assez longuement pour le faire adviser à ce singe, il s'en part de la boutique et s'en va disner. Ce singe ne faillit pas incontinent à descendre, car il vouloit s'esbattre à ce nouveau passe-temps, qu'il n'avoit point encores veu faire. Il vint prendre ce trenchet, et tout incontinent se le met contre la gorge, en le menant et ramenant... Mais il l'approcha trop près, et ne se print garde qu'en le frayant contre sa gorge il se couppe le gosier de ce trenchet, qui estoit si bien affilé, dont il mourut avant qu'il fust une heure de là. Ainsi Blondeau fut vengé de son singe sans danger.

1. Songeait. — 2. Mis de la poix à son fil. — 3. Couper la gorge.

Auxerre (Yonne)

∴ Marie Noël ∴

(Auxerre 1883 - *id.* 1967)

Marie Rouget, dite **Marie Noël**, *est une poétesse de la sensibilité religieuse. Son œuvre, très marquée par un catholicisme sobre et lumineux, traduit toute la fraîcheur et la limpidité d'un chant dont le rythme et la saveur ne manquent pas de faire songer aux comptines d'autrefois.*

Marie Noël, qui n'a pas quitté sa Bourgogne natale, a conduit son aventure poétique en marge des courants littéraires de son époque. On lui doit plusieurs recueils parmi lesquels Les Chansons et les heures *(1921),* Les Chants de la merci *(1930),* Chants et psaumes d'automne *(1947),* Chants d'arrière-saison *(1961). Elle est aussi l'auteur de récits en prose :* Contes *(1945),* Petit Jour *(1951),* La Rose rouge *(1960),* Le Cru d'Auxerre *(1967). La spiritualité intimiste de Marie Noël n'a rien d'élitiste : en effet, elle l'infuse dans ses vers avec un lyrisme et une écriture accessibles au commun où les accents aristocratiques ne constituent pas une entrave à la sève populaire.*

IMPROPÈRES ET CHANT DU LINCEUL
(Extraits)

Qu'ai-je dû faire pour toi que je n'aie pas fait ?...
Et toi, tu m'as livré à la mort.

Impropères du Vendredi saint.

Mes compagnons, ô vous, mes choses enfermées
Dans la maison du soir, vous à moi pour la vie,
Mes fidèles, vous qui m'aurez plus loin aimée
Que mes fils et plus tard mes filles servie.

O miens meubles serrés autour de moi vivante
En l'amour de mes yeux, de l'âtre à la fenêtre,
Voici venir le jour extrême d'épouvante,
Mes compagnons, où vous aussi me serez traîtres.

Voici le jour où par la porte grande ouverte
Ceux-là me chasseront dont j'étais sœur et mère,
Et vous consentirez tous ensemble à ma perte
Et sans bouger vous tous les regarderez faire.

Ces trois quatrains appartiennent au poème intitulé *"Impropères et chant du linceul"*. Ils sont extraits du recueil *Chants et psaumes d'automne* (1947, Editions Stock, Paris).

Beaune (Côte-d'Or)

Xavier Forneret

(Beaune 1809 - *id.* 1884)

Chevalier de l'insolite, individualiste forcené mais poète avant tout, Xavier Forneret est considéré comme l'un des précurseurs du surréalisme. Ce riche vigneron se fit éditer à compte d'auteur d'une façon particulièrement luxueuse avec des textes enrichis d'illustrations. Quant à ses drames et ses comédies, qui ne caractérisent ni son génie ni même son talent, certains affirment qu'il se ruina pour les faire jouer. Son œuvre la plus connue est un recueil de maximes : Sans titre, par un homme noir blanc de visage *(1838). Dans le même sillage, il publia d'autres ouvrages dont* Encore un an de sans titre *(1839).*

Xavier Forneret, qui ne fut pas reconnu de son vivant, a une œuvre poétique d'une haute modernité dont le caractère émancipatoire ne pouvait pas, à l'évidence, sensibiliser ses contemporains. André Breton loua sa démarche et le jugea "surréaliste dans la maxime". Parmi ses poèmes et ses contes, il y a un titre majeur à retenir : Pièce de pièces, temps perdu *(1840). Le style de Xavier Forneret est parsemé de singulières trouvailles et traversé par un souffle poétique d'une réelle beauté.*

Extrait du ***Voyage d'agrément de Beaune à Autun*** fait pour la première fois le 8 septembre 1850[1]

(Est-il bon de tout connaître ?)

"Depuis longtemps, je me disais... Mais pardon, lecteur, il faut déjà que je m'arrête ; je suis à Saint-Léger, au retour de mon voyage, où, saisissant maladroitement un verre d'eau sucrée que je m'administre en attendant l'arrivée de la voiture pour Chagny, je submerge de cette eau la feuille de papier sur laquelle je commence ma narration. (*Agrément* pas compté.) Là... bien... voilà le dégât réparé, c'est-à-dire la feuille remplacée.

Donc, depuis longtemps, je me disais sans malice : Il est vraiment honteux pour un Beaunois de ne pas connaître Autun, la ville des vieilles choses, l'antique des antiques.

Et voilà que cette année, gonflé de plus en plus par cette idée, sinon par la bise âpre et desséchante qui règne en despote en ce moment, je me fais apporter : malle, carton de chapeau en cuir, comme on dit, valise, étui de violon, etc., — et que je me décide enfin à aller dépenser quelques écus pour la Saint-Ladre. Je suis donc trimant par ma chambre tout ébouriffé, me répétant sans cesse : — Je pars demain pour Autun !

1. Le présent voyage est heureusement dans le passé, comme on le voit par sa date. C'est tout bonnement un anniversaire que je fête par la publication de cet écrit de l'an dernier. Septembre 1851.

Enfin, je termine mon grand emballage ; je me couche heureux comme un... oh ! qu'est-ce que j'allais dire en République ?... heureux comme un Président en voyage, c'est le cas de parler ainsi : je n'en dors pas, ma tête en brûle, mes pieds en gèlent ; à tel point qu'au jour naissant je me trouve si mal à l'aise que je me prends à réfléchir si je me lèverai pour la réalisation de mon projet, ou bien, si je resterai au lit pour dormir. La suite prouvera lequel eût mieux valu. Bref, tout à coup, saisi d'un élan de flèche, je m'habille, prompt comme l'anguille sous les doigts, et je jaillis de ma chambre au dehors, puis, de là, dans un des compartiments du train de chemin de fer de six heures du matin. Je veux passer d'abord par Chagny ; ensuite par Saint-Léger, Saint-Emiland ; on voit que ces deux derniers lieux ont déjà un certain fumet de séminaires et de couvents.
En route !

Dimanche, 8 septembre 1850

J'arrive à Chagny à six heures vingt minutes. Rien de remarquable, sinon que la bise, qui m'avait doré la pilule dès le matin par un peu de calme, recommence à hurler et à cingler mes pauvres oreilles. Je suis là, pour prendre la voiture de Saint-Léger. Quand je dis — voiture — ne nous embrouillons pas, et appelons un chat, un chat.

Liberté, Egalité, Fraternité, voilà les mots qui manquent à l'omnibus de Chagny à Saint-Léger (et retour) : car, ni coupé, ni intérieur, ni rotonde dans cette voiture, mais bien deux banquettes placées vis-à-vis l'une de l'autre, pour la... pour la... ma foi, pour la satisfaction de ceux qui aiment à se voir en face.

Une femme entre deux âges, entre deux châles, entre deux cabas, entre... eh ! pardieu, entre dans l'omnibus. Elle est fort polie, cette demi-dame ; en passant devant moi, elle me demande excuse : *Faites,* lui répondis-je fort spirituellement, madame ou mademoiselle, je ne sais lequel.
— C'est égal, monsieur, répond-elle, c'est toujours du même bois.
Pétrifié par la justesse d'un tel raisonnement, et si au-dessus de mon mot *faites*, ce *bois* devint mon bâillon ; je ne soufflai plus mot jusqu'à Saint-Léger.

8 heures et demie

J'y débarque. Sur la route que j'ai déjà parcourue, la poussière est excellente ; je remarque un grand arbre de liberté, mais il est mort... et je pense involontairement que c'est à peu près l'image de notre Révolution et de notre République.
— Monsieur l'hôtelier du *Cheval-Blanc*, dans combien de temps passera la diligence de Chalon à Autun, dans laquelle je dois verser... mes bagages pour me rendre à ce dernier chef-lieu d'arrondissement ?
— Dans une heure et demie environ.
— Très bien. Qu'est-ce qu'on peut visiter dans votre localité ?
— Des carrières de plâtre.
— Très bien. Est-ce loin d'ici ?

— A deux lieues, à peu près.
— Très bien, toujours très bien ; mais vous voyez, lecteur, que je n'eusse pas été *blanc* si je m'étais avisé d'aller aux carrières, sans information préalable.

9 heures

Je me promène dans la salle à manger du *Cheval-Blanc*...
— Monsieur part pour Autun ?, me demande une *bonne.*
— Oui, *mam'zelle.*
— La voiture a passé, il y a une demi-heure.
— Plaît-il ?
— Je dis à monsieur qu'il n'y a plus de voiture pour Autun que demain.
Le froid et le chaud que me causa cette fille sont inrendables. Heureusement que M. de l'hôtel du cheval sus-nommé opéra une douce réaction dans mon esprit républicain, en m'assurant que sa servante bredouille, et qu'elle confond la diligence allant avec celle venant.

9 heures un quart

Je vais un peu sur la place de Saint-Léger : apprêts de foire, vases de jour et autres... étalés au soleil. En cet instant, j'aperçois *ma femme de bois* qui s'ingurgite dans le cornet, *Saint-légèrement* parlant, une avalanche de prunes de toutes espèces... Puis elle marchande lesdits vases, sans calambourg de nombre.

O créature de précaution, pensai-je ; tu es adorable dans ton présent et plus encore dans ton avenir !
Je lis l'enseigne d'un tailleur, et j'observe au-dessus d'elle une peau d'animal dont je ne peux bien distinguer l'espèce. (Ceci seulement pour mémoire, et livré aux réflexions qu'on voudra.)

10 heures moins un quart

Ma diligence paraît... J'ai une place *par hasard* (c'est le conducteur qui s'exprime ainsi) ; une délicieuse 6e d'intérieur à rebours. Je m'y enfourne avec *plaisir*, quoiqu'avec peine. Le lecteur n'est pas sans connaître l'*amabilité* de ces entrées d'intérieurs par derrière, en soulevant certaine banquette à charnières qui en barre le passage.
Me voilà tout à fait sur la route d'Autun.

10 heures

Quels sont mes compagnons et compagnes de voyage ?
En face de moi, un quasi-monsieur qui dort d'un sommeil excessivement poli ; vous comprenez qu'il nous accable tous de saluts ; en veux-tu, en voilà, en voulez-vous ? Une casquette s'échappe de temps à autre de ses mains ; il la ramasse en écarquillant les yeux comme s'il se brûlait le séant. Il les referme... et se reprend à saluer, comme sa casquette à retomber... Je crois même qu'il ronfle... Heureux homme, va !

A sa droite est une religieuse. Que dire d'une religieuse ? C'est vraiment fort embarrassant. La trouver jolie, n'est-ce pas *coupable* ? La trouver laide, n'est-ce point une faute aussi ? Tout ce qui s'attache au ciel, se voue à lui, ne comprend-il pas toutes les conditions du vrai beau, du vrai majestueux ? Et dans ce cas alors, le Moral ne l'emporte-t-il pas sur ce Physique, si fragile, si périssable ! Taisons-nous donc sur le compte de *notre sœur*, et passons à la gauche du dormeur intrépide.

Une dame en deuil, qui d'abord ne parle pas, et à qui j'ouvre la bouche en abaissant une glace de la voiture qui, levée, nous étouffait, tient assis sur ses genoux un petit bonhomme de huit à dix ans qui, lui, est fort éveillé, et croque à belles dents une infinité de pommes, poires, pêches, raisins, mélangés de pain et de boisson ; son frère, plus âgé, à ma gauche, en fait à peu près autant. Le premier donne des cheveux à manger à sa mère ; quant à moi, il me gratifie d'une certaine quantité de coups de pieds, comme pour me rappeler qu'il est là...; il essuie bien quelque peu ses mains sur mon pantalon ; mais comme il gazouille assez gentiment, entre autres mots gracieux, celui de *houp !* je me console alors aisément. Qui est-ce qui ne se dériderait pas quand, en lui administrant des coups de pieds dans les jambes, on les assaisonne de *houp ! houp !* C'est charmant, au contraire.

Je passe sous silence une novice de quinze à seize ans, qui me touche à la place où l'on a son ange gardien — qui accompagne sans doute la religieuse, et qui *plume*, ma foi, bel et bien avec son couteau un ou deux fruits dont elle aiguise les dents d'une mâchoire qui me semble fonctionner à merveille. Je les crois *verts*, ces fruits ; mais est-on mûr à quinze ans pour préférer autre chose qu'une couleur d'espérance ? Un, deux, trois, quatre, cinq, six, et moi septième, si je compte bien, dans le mignon intérieur de la boîte à quatre roues.

Je reviens à la dame noire. Notre conversation roule dans cette voiture sur un fonds grave quoique effleuré. La pensée se hâte d'arriver en voyage ; chaque minute qui s'écoule peut marquer la séparation de deux personnes qui se sont rencontrées. On craint que le relais ne vienne laisser sur place que la tête coupée d'une phrase ou d'une comparaison.

Quand deux esprits sympathiques se joignent par un hasard de la vie, c'est une ébullition d'idées et de mots... On sent les chevaux qui nous entraînent vers le lieu de leur repos désiré, et alors tout peut être sérieux dans le langage, je le répète, mais toujours tout à la superficie ; car on embrasse pour ainsi dire à la fois presque tous les sujets, motif précis, comme on sait, pour ne pouvoir en étreindre aucun.

Le dialogue entre Mme G... et moi est donc un de ceux qu'on se rappelle sans pouvoir les reproduire, parce qu'ils sont insaisissables à grouper, et qu'ils échappent par conséquent à l'analyse.

Mais, ce que je puis raconter, c'est que Mme G... a un ton exquis, et d'une convenance qui exhale un parfum de bonne compagnie, d'une éducation distinguée, d'une grande justesse de raisonnement, d'une indulgence pleine de sensibilité (à mon avis).

Nous touchons à Autun. Mme G... parle de MM. P..., excellents hommes, excellents musiciens ; elle m'engage beaucoup à me présenter à eux, en prononçant son nom ; mais je n'accepte pas par une réserve qu'on comprendra si l'on veut. Je redoute de n'être reçu qu'à cause du patronage de Mme G... Je crains encore de *tomber* chez ces messieurs à un moment où ils pourraient penser : *que le Diable t'emporte !*

Nous voilà au but, cet ancien *Lugdunum,* cité dans les auteurs latins. A ce propos, je dirai que certain individu qui se trouvait en cette ville demanda qu'on lui fît voir *Luc Dunomme,* dont on lui avait tant parlé, et où il demeurait.

Si vous avez quelquefois voyagé en voiture publique, lecteur ou lectrice, vous devez connaître, outre la poussière et la boue dont on est décoré quatre-vingt-dix-neuf fois sur cent, le bienheureux agrément de la descente de diligence. Le conducteur disparaît comme un voleur ; il va rendre ses comptes à ses patrons dans le *bureau.* Il appelle à tue-tête, s'il en est besoin, ceux qui n'ont pas encore *réglé* ; quant à ceux qui ne doivent rien, ils s'amusent, s'ils veulent, à monter la garde aux portières de la diligence qui ne bouge plus, jusqu'à ce que les garçons du *débâchage* aient achevé de boire leur bouteille de bière, et que leur chef, monsieur le conducteur, ait *enfilé*, lui aussi, le petit verre d'arrivée.

Enfin, l'*impériale* est découverte, et les malles, caisses, paquets, etc. dégringolent à qui mieux mieux, avec la précaution habituelle et consacrée, sur le pavé. Il faut vraiment que les *effets* aient l'âme chevillée dans le corps pour résister à de pareils galops.

— Monsieur, me dit une servante endimanchée, et dont le *requinquement* dénote encore la foire, monsieur loge à l'hôtel de la... (le nom expira sur ses lèvres) ?

L'hôtel de la..., c'est mon affaire, pensai-je et répondis-je. On doit tout mener lestement dans cette maison, et je m'empresse d'indiquer du bout de ma canne, dans le pêle-mêle des ballots, ce qui m'appartient.
Je me retourne... plus de servante : *elle avait fui comme une ombre*... Je me dirige où elle a dû porter ses pas, dans cet hôtel indiqué.
— Madame, s'il vous plaît, une chambre.
— Oui, monsieur (on ne me regarde seulement pas en me répondant. Très aimable dame !)

Je retourne à mes bagages ; personne pour les prendre et les porter. Je reviens à l'hôtel... personne dans la salle de *réception*. Bon ! cela va bien, me dis-je..."

Bissy-sur-Fley
(Saône-et-Loire)

Pontus de Tyard

(Château de Bissy-sur-Fley 1521 - Bragny-sur-Saône 1605)

Grand seigneur et poète, Pontus de Tyard est un nom qui s'inscrit en lettres d'or dans l'histoire de la Pléiade. En 1549, cet ami de Maurice Scève publie son premier recueil, Erreurs amoureuses. *Cet ensemble, qu'il ne signera pas, comprend une suite de sonnets entrecoupée par des chants. Celle qu'il appelle Pasithée est une maîtresse évasive et néanmoins attachante par l'insensibilité qu'elle dégage en même temps que par son culte de la perfection. Quant au style, il s'inspire fortement de celui du poète et humaniste italien Pétrarque (1304-1374).*

On doit à Pontus de Tyard une œuvre lyrique importante qu'il acheva vers 1555. Mais ce poète, qui s'associa aux recherches collectives de la Pléiade, eut une vie religieuse bien remplie, puisqu'il devint chanoine de la cathédrale de Mâcon, aumônier de Henri III, puis évêque de Chalon-sur-Saône en 1578. Il quitte le trône épiscopal en 1589 et se retire dans ses terres de Bragny-sur-Saône.

Pontus de Tyard avait fait éditer, en 1573, ses Œuvres poétiques.

A MAURICE SCÈVE

Si en toi luit le flambeau gracieux,
Flambeau d'amour qui tout grand cœur allume,
Comme il faisait lorsqu'à ta docte plume
Tu fis hausser le vol jusques aux cieux ;

Donne, sans plus, une heure à tes beaux yeux
Pour voir l'ardeur qui me brûle et consume
En ces *Erreurs* qu'amour sur son enclume
Me fait forger, de travail ocieux.

Tu y pourras reconnaître la flamme
Qui enflamma si hautement ton âme,
Mais non les traits de ta divine veine.

Aussi je prends le blâme en patience,
Prêt d'endurer honteuse pénitence,
Pour les erreurs de ma jeunesse vaine.

SEXTINE

Lorsque Phébus sue le long du jour
Je me travaille en tourments et ennuis :
Et sous Phébé les languissantes nuits
Ne me sont rien qu'un pénible séjour :
Ainsi toujours pour l'amour de la belle,
Je vais mourant en douleur éternelle.

Bien dois-je, hélas ! en mémoire éternelle,
Me souvenir et de l'heure et du jour,
Que je fus pris aux beaux yeux de la belle :
Car oncques puis je n'ai reçu qu'ennuis,
Qui m'ont privé du plaisir et séjour
Des plaisants jours et reposantes nuits.

Heureux amant, vous souhaitez les nuits
Avoir durée obscure et éternelle,
Pour prolonger votre amoureux séjour :
Et à moi seul, si rien plaît, plaît le jour,
Pour espérer, après mes longs ennuis,
Nourrir mes yeux aux beautés de la belle.

Mais, rencontrant les soleils de la belle,
Tout ébloui, aux ténébreuses nuits
De mes travaux je r'entre, et aux ennuis
De ma pensée en son cours éternelle :
Laquelle fait tout moment, nuit et jour,
Dans les discours de mon esprit séjour.

Las ! je ne puis trouver lieu de séjour,
Tant j'ai de maux pour tes cruautés, belle :
Car, si je brûle et ards[1] le long du jour,
Je me dissous en pleurs toutes les nuits,
Te voyant vivre en rigueur éternelle
Pour me tuer en éternels ennuis.

Inconsolable, ô âme, en tes ennuis,
Qui veux sortir de ce mortel séjour
Pour t'envoler en la vie éternelle,

1. Synonyme de brûler fortement.

Peux-tu languir pour une autre plus belle ?
Espère encor, espère : car ces nuits
S'éclairciront de quelque plaisant jour.

Mais hâte-toi, ô Jour, que mes ennuis
Prendront séjour aux faveurs de la belle :
Change l'obscur de mes dolentes nuits
En la clarté d'une joie éternelle.

SONNET

Je mesurais, pas à pas, et la plaine
Et l'infini de votre cruauté,
Et l'obstiné de ma grand'loyauté
Et votre foi fragile et incertaine.

Je mesurais votre douceur hautaine,
Votre angélique et divine beauté,
Et mon désir trop hautement monté
Et mon ardeur, votre glace et ma peine.

Et, cependant que nos affections,
Et la rigueur de vos perfections
J'allais ainsi tristement mesurant,

Sur moi cent fois tournâtes votre vue,
Sans être en rien piteusement émue
Du mal qu'ainsi je souffrais en mourant.

EN CONTEMPLATION DE DAME LOUISE LABÉ

Quel Dieu grava cette majesté douce
En ce gai port d'une prompte allégresse ?
De quel lis est, mais de quelle déesse
Cette beauté qui les autres détrousse ?

Quelle Sirène hors du sein ce chant pousse,
Qui décevrait le caut Prince de Grèce ?
Quels sont ces yeux mais bien quel trophée est-ce
Qui tient d'amour l'arc, les traits et la trousse ?

Ici le ciel libéral me fait voir
En leur parfait, grâce, honneur et savoir,
Et de vertu le rare témoignage ;

Ici le traître Amour me veut surprendre :
Ah ! de quel feu brûle un cœur jà en cendre !
Comme en deux parts se peut-il mettre en gage ?

SOMMEIL, PÈRE DU SONGE

Père du doux repos, Sommeil père du songe,
Maintenant que la nuit, d'une grande ombre obscure,
Fait à cet air serein humide couverture,
Viens, Sommeil désiré, et dans mes yeux te plonge.

Ton absence, Sommeil, languissamment allonge ;
Et le fait plus sentir la peine que j'endure.
Viens, Sommeil, l'assoupir et la rendre moins dure ;
Viens abuser mon mal de quelque doux mensonge.

Jà le muet silence un escadron conduit
De fantômes ballant dessous l'aveugle nuit,
Tu me dédaignes seul qui te suis tant dévot !

Viens, Sommeil désiré, m'envelopper la tête,
Car d'un vœu non menteur un bouquet je t'apprête
De ta chère morelle, et de ton cher pavot.

EXTRAIT DES ŒUVRES POÉTIQUES COMPLÈTES

Subtile suis, et de telle beauté
Qu'autre beauté ne peut estre conneuë,
Que je n'y soye en une qualité.
  En liberté je veux estre tenuë
Evidemment : car, qui me veut contraindre,
Il perd et moy et l'object de sa veuë.
  S'il pense encore à ma substance atteindre
Et me toucher, j'en pren telle vengeance
Que je lui donne assez dequoy se pleindre.
  Et l'œil du ciel en vain son influence
Coule çà bas, s'il ne se fait sensible
Des qualitez prinses de mon essence.
  Il est à l'homme à grand peine possible
Vivre sans moy : et si le fais dissoudre,
S'il est de moy entierement passible.

Mon corps couvert d'une legere poudre
Ne me sçauroit avec soy arrester :
Car je le fuis plus vite que la foudre.
Qui, tant soit peu, me veut solliciter,
Il peut me voir en colere incroyable
Les plus hauts lieux en bas precipiter.
Mobile suis, sans arret, variable,
Sans couleur, forme, ou certaine figure.
Et si suis veuë en ma force admirable.
Je vis de faire à mon contraire injure,
Qui par sa mort m'apporte tel encombre,
Qu'en fin la mort moy-mesme j'en endure.
Or devinez si je suis corps ou ombre.

Blismes (*Nièvre*)

Louis de Courmont

(Blismes 1828 - *id.* 1900)

Artiste au sens le plus généreux du terme, Louis de Courmont aurait pu tout aussi bien devenir musicien ou dessinateur, mais c'est la littérature qui l'emporta. Il fut tour à tour professeur, attaché à la préfecture de la Seine, où il se distingua en conduisant les opérations d'approvisionnement de Paris pendant le Siège, et inspecteur principal des perceptions municipales.

En 1869, il soumit son drame Les Viveurs *à Sarah Bernhardt qui l'apprécia à un point tel qu'elle se proposa de le jouer à l'Odéon. Malheureusement, Louis de Courmont passa à côté d'une telle chance qui l'aurait assuré de passer à la postérité. En effet, à la suite d'un incendie chez la célèbre tragédienne, rue Aubert, le manuscrit de l'infortuné auteur devint la proie des flammes.*

Ce poète discret et mal connu édita en 1884 un recueil : Feuilles au vent. *Après sa mort, en 1901, plusieurs poèmes furent rassemblés sous le titre* En Morvan.

Dans ses Poètes du terroir, *Ad. van Bever affirme que "Louis de Courmont appartient à la grande famille des écrivains rustiques". Et que "personne n'a peint avec plus d'agrément, de saveur et d'originalité les paysages et les types de sa petite patrie".*

CHANGEMENT D'OPTIQUE

Dans ma jeunesse, je souhaitais la bienvenue
Et tirais mon chapeau seulement
A la vertu patente,
A la vérité toute nue.

J'ajoutais foi, ma parole ! à l'histoire
Du bon petit agneau si poli,
Surpris par le loup qui va boire
Dans le même ruisseau que lui.

Je maudissais, de confiance,
Le vieux criminel et plaignais,
Sans arrière-pensée, sans défiance,
Sa victime, le petit agneau !...

Mais depuis que je suis les affaires,
Que j'entends avocats et serments,
Les prônes à nos très chers frères,
Les sentences, les jugements,

Tout chante une chanson nouvelle ;
Mes vieux habits sont retournés ;
On a dû changer ma cervelle
Et mes lunettes sur mon nez !

Ma tête a pris une imposte ajourée
Comme ma maison, par devant ;
J'avais, sans doute, la vue de travers
Et la berlue, auparavant.

Maintenant, je vois tout le contraire
De ce que je voyais de prime abord,
Et ne suis pas éloigné de croire
Que c'est l'agneau qui a mangé le loup.

Chalon-sur-Saône

(Saône-et-Loire)

Hégémon

(Chalon-sur-Saône 1535 - *id.* 1595)

Poète modeste, brillant, didactique et peu enclin à la modernité, Philibert Guide, dit Hégémon, était le fils du procureur du roi au bailliage de Chalon-sur-Saône.

S'il ne bouleversa pas l'écriture poétique de son temps, il eut le mérite de se démarquer en ce qui regarde la thématique de l'inspiration. En effet, au lieu de chanter l'amour désespéré, il mit son talent au service du rythme des saisons, des travaux champêtres et du monde rustique. Il est considéré comme le premier poète de la Bourgogne à avoir mis son vers au service de la vie du monde paysan et des mœurs rustiques de sa terre natale dans le cadrage de son temps, c'est-à-dire du XVIe *siècle.*

Hégémon avait curieusement fait entrer son patronyme dans sa devise : Dieu pour guide.

AUTOMNE

Le soleil radieux, de celeste vertu,
Balance en visitant le Scorpion poinctu,
Mais l'Archer, qui le vise, asseure sa carriere.
Parquoy (hardy) il vient lors franchir la barriere.
Et l'Automne effeuillé survient, fruictier, vineux,
Variable, inconstant, maladif, caterreux ;
De la complexion d'homme mélancholique,
Qui a vin de Pourceau, et à dormir s'applique.

Il est de qualité froid et sec, et le vent
Du glacé Boreas il imite souvent.
Quant à son naturel, à la terre ressemble,
Et si est comparé à vieillesse qui tremble
Et qui avare craint d'avoir nécessité
En ses plus caducs ans : de ce faire incité
Par l'Herisson, lequel (diligent) lors s'addone
Pour le prochain Yver, ravir les fruicts d'Automne.
Aussi notre Rustiq' de beaucoup plus expert,
Recueille tous les fruicts de garde pour l'(h)yvert :
Et pour les conserver, fait des clayes suspendre
Avec un peu de paille, et dessus les estendre
En lieu où trop grand froid ne puisse penetrer :
Car si gelez ils sont, ne peuvent profiter.
En ce temps le plaisir est lors que l'on vendange :
Car chacun au travail diligemment se range,
L'on quitte les maisons des villes, et les champs
S'entretiennent de chars, et mesnages marchans :
De sorte qu'on diroit que ce sont colonies
Cherchans autre demeure, avecques leurs mesgnies.
Iey un taboulant bastit un neuf tonneau :
Un autre moins sçavant racoustre un viel cuveau :

Cetuy-my part l'osier, l'autre lie le cercle ;
Cetuy-ci va rinçant l'entonnoir et la seille,
Abbreuve cuve et treul, où bien tost le raisin
Est porté vendangé, pour en tirer le vin ;
Lequel encor' bouillant, d'ardeur, on emprisonne
Dedans un creux vaisseau, où il bruit, fume et tonne,
Jettant par un pertuis (seul demouré ouvert)
Une rage escumant, dont il estoit couvert ;
Et dès lors, appaisé, convertit sa cholere
En suave liqueur, douce, belle, et fort claire.
Il rit par le bondon, qui fait que l'approcher
Avec un chalumeau on vient, pour le baiser.
Mais qui s'y plaist par trop (ainsy qu'à folles filles)
En perd force, et les sens deviennent imbecilles.
L'un d'un coup de dezey, pour mirer sa couleur
Esclattant, en argent, distille sa liqueur.
Un autre, ayant par trop lutté contre sa force,
De rire, et de gaudir, ou de dormir s'efforce :
Ou bien en chancellant (et quasi demy-mort)
Menace en sa cholere un autre de la mort.
Cependant, d'autres sont qui d'œuvrer point ne cessent :
Car comme vrais Formis, icy, puis là, s'exercent.
L'un jambes et pieds nuds trepignant, et saultant,
Escoule en un ruisseau l'escaché raisin blanc :
Qu'est lors que femmes font leur joyeux commerage
Avec ce doux Nectar, des Aulx, et du Fromage :
En plongeant au dedans leur flameusse et gasteaux
Lesquels (encor bouillans) enfument leurs cerveaux :
Et puis Dieu sçait comment on cause, et on besongne,
En faisant près du pot le conte à la Cigongne.
Les unes en fureur, lors on voit despiter,
Et une autre, en plourant, leur vient à raconter
De son mary jaloux l'effort et la finesse :

En fin, le lendemain de dormir on ne cesse.
Le maistre toutesfois visite ses ouvriers
Qui, plus qu'en autre temps, sont alaigres et fiers.
Mais qui a jamais veu ceux attendans un siege,
Travailler jour et nuict, avant qu'on les assiege :
Tout d'une mesme ardeur, la vendange durant,
On voit grans et petits le travail endurant.
Puis comme un camp espars, qui cherche meilleur place,
Ayans tout recueilly, chacun du lieu desplace,
Et munis de tous biens, retreuvent leur hostel
Pour combattre la faim, leur ennemy mortel,
Et là, s'ils sont prudens, en amour asseurée
Vivront en louant Dieu, d'une paix bien-heurée.
En ce temps qui vouldra sa santé maintenir,
Se fault garder d'excès, et sur jour de dormir :
N'endurer faim, ny soif, ne manger cru fruictage,
Ni changer de façon, et vivre en son mesnage.

Charnay-lès-Mâcon

(Saône-et-Loire)

Georges Lecomte

(Mâcon 1867 - Paris 1958)

L'écrivain Georges Lecomte a fait ses débuts avec des œuvres dramatiques particulièrement imprégnées de réalisme. Vers les années 1890, il dirigea La Cravache, *périodique littéraire qui révéla nombre d'auteurs talentueux.*

Ce romancier, essayiste et critique d'art originaire de Charnay-lès-Mâcon, que la postérité ne semble pas avoir daigné éclairer de tous ses feux, a été secrétaire perpétuel de l'Académie Française, et c'est Maurice Genevoix, lui aussi natif de la Bourgogne, qui lui succéda. Auteur de plusieurs romans, Les Valets *(1897),* Les Cartons verts *(1901),* Le Veau d'or *(1903),* Les Hannetons de Paris *(1905),* La Lumière retrouvée *(1924), il fut aussi auteur dramatique, du moins à ses débuts, avec* La Meule, *qui se joua au Théâtre libre (1891), et* Mirages *(1893), pièce fortement inspirée par Ibsen. Georges Lecomte a également publié une histoire à caractère autobiographique :* Ma traversée *(1949).*

Château-Chinon
(Nièvre)

François Mitterrand

(Jarnac 1916 - Paris 1996)

L'homme d'Etat François Mitterrand, devenu Président de la République en 1981, et réélu en 1988, termina son second septennat en 1995. En marge de sa prodigieuse carrière politique, il est l'auteur de Mémoires et de divers essais tels que Aux frontières de l'Union française *(1953),* Le Coup d'Etat permanent *(1964),* Ma part de vérité *(1969),* Changer de vie *(1972),* La Paille et le Grain *(1975),* Politique 1, 1938-1977 *(1977),* L'Abeille et l'Architecte *(1978),* Ici et maintenant *(1980),* Politique 2, 1977-1981 *(1981),* Réflexions sur la politique extérieure de la France *(1986)...*

Ses ouvrages, écrits dans un style clair, accessible et élégant, ont incontestablement des qualités littéraires. Bien que né à Jarnac, les attaches nivernaises de François Mitterrand furent solidement ancrées. A ce titre, il convient de rappeler qu'il avait été élu député de la Nièvre de 1946 à 1958 et à partir de 1962, et qu'il deviendra maire de Château-Chinon dès 1959.

Chitry-les-Mines
(Nièvre)

∴ Jules **Renard** ∴

(Châlons-sur-Mayenne 1864 - Paris 1910)

L'écrivain Jules Renard, de vieille souche paysanne nivernaise par la branche paternelle, est vraisemblablement l'auteur bourguignon qui, depuis un siècle, jouit, dans tous les milieux, de la plus grande notoriété. Encore que ses œuvres soient, paradoxalement, plus connues que lui ! En effet, tout le monde a entendu parler de Poil de carotte *(1894) ou de* L'Ecornifleur *qui fut publié la même année.*

Après de brillantes études au lycée de Nevers, ses parents l'envoient à Paris pour qu'il prépare l'Ecole normale supérieure. Il préférera envisager de devenir écrivain ; toutefois, il ne sera jamais un homme de salons littéraires, bien au contraire ! Il retournera très rapidement dans sa Bourgogne natale.

Maire de son village, il puisera dans la campagne nivernaise le thème de ses Histoires naturelles *(1894) et enrichira d'un éclairage poétique son interprétation du monde animal. Après avoir contribué à la création du* Mercure de France *(1889), il donne, outre ses célèbres récits, de courtes comédies telles que* Le Plaisir de rompre *(1897) et* Le Pain de ménage *(1898).*

L'œuvre de Jules Renard abonde de réflexions piquantes ou drôles sur les artistes de son temps, ce qui traduit, par certains côtés, une démarche de moraliste. Mais c'est au travers de Crime de village *(1888),* Le Vigneron dans sa vigne *(1894),* Bucoliques *(1898),* Huit Jours à la campagne *(1906),* Ragotte *(1908),* La Bigote *(1909), que Jules Renard laisse transparaître avec le plus d'humanité et de sobriété sa sensibilité champêtre et ses profondes attaches nivernaises. On lui doit également le* Journal *qu'il a tenu entre 1887 et 1910 (publié en 1925-1927).*

Le livre le plus connu de Jules Renard, *Poil de Carotte*, commence par les lignes qui suivent :

— Je parie, dit madame Lepic, qu'Honorine a encore oublié de fermer les poules.
C'est vrai. On peut s'en assurer par la fenêtre. Là-bas, tout au fond de la grande cour, le petit toit aux poules découpe, dans la nuit, le carré noir de sa porte ouverte.
— Félix, si tu allais les fermer ?, dit madame Lepic à l'aîné de ses trois enfants.
— Je ne suis pas ici pour m'occuper des poules, dit Félix, garçon pâle, indolent et poltron.
— Et toi, Ernestine ?
— Oh ! moi, maman, j'aurais trop peur !
Grand frère Félix et sœur Ernestine lèvent à peine la tête pour répondre. Ils lisent, très intéressés, les coudes sur la table, presque front contre front.
— Dieu, que je suis bête !, dit madame Lepic. Je n'y pensais plus. Poil de Carotte, va fermer les poules !

Clamecy (Nièvre)

∴ Romain **Rolland** ∴

(Clamecy 1866 - Vézelay 1944)

Romancier, dramaturge et essayiste, Romain Rolland, citoyen du monde, humaniste de belle futaie, a laissé dans le ciel littéraire une œuvre considérable. Professeur d'histoire de l'art à l'Ecole normale et de musicologie à la Sorbonne, il écrit tout en même temps pour le théâtre. C'est sur cette levée de rideau qu'il entre en littérature : Les Loups *(1898),* Danton *(1900),* Le Quatorze Juillet *(1902) et* Tragédie de la foi *(1913) qui rassemblera* Saint Louis *(1897),* Aërt *(1898) et* Le Triomphe de la raison *(1899).*

L'Académie Suédoise lui décerna le prix Nobel pour l'année 1915 "comme hommage rendu au grand idéalisme de ses écrits, ainsi qu'à la sympathie et à la vérité avec lesquelles il a peint différents types humains".

Fondateur de la revue Europe *(1922), Romain Rolland, comme nombre d'écrivains de cette époque-là, s'intéresse beaucoup à l'orientalisme et aux théories de la non-violence. Il publie* Mahatma Gandhi *(1923),* Vie de Rama Krishna *(1929),* Vie de Vivekananda *(1930),* Essai sur la mystique et l'action de l'Inde vivante *(1930)...*

Dans Jean-Christophe, *sorte de roman fleuve qui s'étale entre 1903 et 1912, et que l'auteur publie en dix livraisons dans* Les Cahiers de la Quinzaine *que dirige Charles Péguy, l'un de ses amis, Romain Rolland, par les idées qu'il expose, laisse déjà augurer de son attitude face à la guerre.*

Parmi les ouvrages les plus célèbres qu'il édite, il faut citer la reconstitution historique de Colas Breugnon *(1919),* Clérambault, histoire d'une conscience libre pendant la guerre *(1920), les sept volumes de* L'Ame enchantée *(1922-1933). En 1915, ce très célèbre écrivain humaniste, universaliste et pacifiste, lance un appel à tous les hommes de bonne volonté,* Au-dessus de la mêlée, *pour qu'ils mettent fin à l'immense tuerie qui se joue entre la France et l'Allemagne.*

On lui doit encore, parmi d'autres livres, Par la révolution, la paix *(1935),* Comment empêcher la guerre *(1936)...*

Sur un plan strictement régional, il convient de rappeler que Colas Breugnon, personnage de la Bourgogne, appartient aux ancêtres de l'auteur. Ce livre lui permet de réintégrer sa terre natale, de reprendre contact avec le monde de la campagne et de ressusciter son enfance.

Cormatin (Saône-et-Loire)

Jacques de Lacretelle

(Cormatin 1888 - Paris 1985)

Le romancier et essayiste Jacques de Lacretelle sait parfaitement exprimer la tristesse, la solitude et les tourments d'un adolescent en proie à l'interrogation inquiète que lui inspire l'autre sexe. C'est du moins ce qui transparaît dans son premier livre, La Vie inquiète de Jean Hermelin *(1920), d'un caractère autobiographique évident. Son incontestable chef-d'œuvre,* Silbermann, *lui valut le prix Femina en 1922. Son grand-père, Henri de Lacretelle (1815-1899), écrivain, ami et grand admirateur de Lamartine, avait été élu député de Tournus en 1871.*

De père diplomate, Jacques de Lacretelle passa son enfance à Salonique, à Alexandrie et à Florence. Cet écrivain, dont la pureté de la langue est exemplaire et le sens de l'analyse profond, siégea à l'Académie Française à partir de 1936. On lui doit notamment un cycle de quatre volumes, Les Hauts Ponts *(1932-1935), un récit,* Le Demi-Dieu ou le voyage en Grèce *(1931), un roman bouleversant,* Deux Cœurs simples *(1952) et de très nombreux autres ouvrages écrits avec une haute lucidité dans un style d'une belle pureté. Il est également l'auteur d'une pièce de théâtre,* Une visite en été *(1952), aux dia-*

logues plus littéraires que dramatiques. Il faut encore citer ses principaux essais : Les Maîtres et les Amis *(1959),* Portraits d'autrefois, Figures d'aujourd'hui *(1973).*

"Il y a quelques années, on a fait une vente au château de Saint-Point, en Bourgogne, où Lamartine a vécu. Eh bien, mon père a pu acheter beaucoup d'objets qui avaient appartenu à Lamartine ; et, soit dit en passant, l'achat de ces reliques a été pour lui une très bonne affaire.
Nous étions toujours devant la statue.
— Est-ce que tu aimes La Fontaine ?, me demanda-t-il.
Et comme cette question me laissait embarrassé, il reprit avec vivacité :
— Mon cher, c'est bien simple : La Fontaine est notre plus grand peintre de mœurs. Dans ces fables qu'on nous fait ânonner, il a dépeint son siècle. Louis XIV et la cour, la bourgeoisie et les paysans de son temps, voilà ce qu'il faut voir derrière les divers animaux."

Silbermann, © Editions GALLIMARD, collection Folio, page 26 ; 1991.

Decize (Nièvre)

∴ Maurice Genevoix ∴

(Decize 1890 - Alsudia-Cansades, Alicante, 1980)

Si Maurice Genevoix chanta si merveilleusement bien la Sologne, ses animaux et sa nature, il ne faut pas oublier que son terroir natal se reflète avant tout dans les eaux de la Loire nivernaise.

Prix Goncourt en 1925 avec Raboliot, *Maurice Genevoix, natif de la Bourgogne, est l'auteur de très nombreux ouvrages où l'animal pourchassé et le monde des chasseurs occupent une place de tout premier plan au sein de l'immense spectacle de la nature :* Tendre Bestiaire *(1969-1971).*

Dijon *(Côte-d'Or)*

Aloysius Bertrand

(Céva, Piémont, 1807 - Paris 1841)

Les parents d'Aloysius Bertrand vinrent s'installer en Bourgogne quand il avait huit ans. Il passa toute sa jeunesse à Dijon où il fit ses humanités au Collège royal. Dès 1826, ce romantique forcené, ardent admirateur de Hugo, commence à se faire connaître dans un journal local par son poème Jacques des Andelys. *Pauvre et très habité par sa mission littéraire, il monte à Paris en 1828 et fréquente le Salon de l'Arsenal. Il tente de se faire connaître par son poème* L'Agonie et la Mort du sire de Maupin *et de faire jouer son drame* Peter Waldech ou la chute d'un homme *(1833). Il vécut dans la misère et tomba malade. Quand il débarqua à Paris, Sainte-Beuve le décrivit ainsi : "un grand et maigre jeune homme de vingt et un ans, au teint jaune et brun, aux petits yeux noirs très vifs, à la physionomie narquoise et fine sans doute, un peu chafouine peut-être, au long rire silencieux".*

Aloysius Bertrand appartient à la cohorte noire des grands maudits. C'est en 1842, un an après sa mort, que son ami le sculpteur David d'Angers fit éditer son immense et génial chef-d'œuvre, Gaspard de la nuit, *fantaisie à la manière de Rembrandt et de Callot. Avec ce poème en prose, dans le-*

quel il infuse une vision fantastique, étrange et pittoresque du Moyen Age qu'il évoque avec romantisme, il se révèle comme un précurseur du surréalisme, mais aussi comme l'un des pionniers du poème en prose. D'ailleurs, Baudelaire puisa chez Aloysius Bertrand l'idée de la forme de son Spleen de Paris, *comme en témoigne l'hommage qu'il lui rend dans sa dédicace.*

Dans l'histoire de la poésie française, la démarche d'Aloysius Bertrand s'inscrit en lettres d'or, même si son nom, à l'image de bien d'autres pères de la modernité, comme le fut Tristan Corbière par exemple, se profile d'une façon par trop discrète derrière certains grands noms que la postérité n'a pas épargnés.

BALLADE

O Dijon, la fille
Des glorieux ducs,
Qui portes béquille
Dans tes ans caducs ;

Jeunette et gentille,
Tu bus tour à tour
Au pot du soudrille
Et du troubadour.

A la brusquembille
Tu jouas jadis
Mule, bride, étrille,
Et tu les perdis.

La grise bastille,
Aux gris tiercelets,
Troua ta mantille
De trente boulets.

Le reître, qui pille
Nippes au bahut,
Nonnes sous leur grille,
Te cassa ton luth.

Mais à la cheville
Ta main pend encor
Serpette et faucille,
Rustique trésor.

O Dijon, la fille
Des glorieux ducs,
Qui portes béquille
Dans tes ans caducs ;

Çà ! vite une aiguille,
Et de ta maison
Qu'un vert pampre habille,
Recouds le blason !

LE CLAIR DE LUNE

Réveillez-vous, gens qui dormez,
Et priez pour les trépassés.
(Le cri du crieur de nuit)

"Oh ! qu'il est doux, quand l'heure tremble au clocher, la nuit, de regarder la lune qui a le nez fait comme un carolus d'or !

Deux ladres se lamentaient sous ma fenêtre, un chien hurlait, dans le carrefour, et le grillon de mon foyer vaticinait tout bas.

Mais bientôt mon oreille n'interrogea plus qu'un silence profond. Les lépreux étaient rentrés dans leurs chenils, aux coups de Jaquemart qui battait sa femme.

Le chien avait enfilé une venelle, devant les pertuisanes du guet enrouillé par la pluie et morfondu par la bise.

Et le grillon s'était endormi, dès que la dernière bluette avait éteint sa dernière lueur dans la cendre de la cheminée.

Et moi, il me semblait, tant la fièvre est incohérente, que la lune, grimant sa face, me tirait la langue comme un pendu !"

MA CHAUMIÈRE

En automne, les grives viendraient s'y reposer,
attirées par les haies au rouge vif du sorbier
des oiseleurs.
(Le baron R. Monthermé)

Levant ensuite les yeux, la bonne vieille vit comme la bise
tourmentait les arbres et dissipait les traces des corneilles
qui sautaient sur la neige autour
de la grange.
(Le poète allemand Voss, *Idylle XIII*)

"Ma chaumière aurait, l'été, la feuillée des bois pour parasol, et l'automne, pour jardin, au bord de la fenêtre, quelque mousse qui enchâsse les perles de la pluie, et quelque giroflée qui fleure l'amande.

Mais l'hiver, quel plaisir ! quand le matin aurait secoué ses bouquets de givre sur mes vitres gelées, d'apercevoir bien loin, à la lisière de la forêt, un voyageur qui va toujours s'amoindrissant, lui et sa monture, dans la neige et la brume.

Quel plaisir ! le soir, de feuilleter sous le manteau de la cheminée, flambante et parfumée d'une bourrée de genièvre, les preux et les moines des chroniques, si merveilleusement portraits qu'ils semblent, les uns jouter, les autres prier encore.

Et quel plaisir ! la nuit, à l'heure douteuse et pâle qui précède le point du jour, d'entendre mon coq s'égosiller dans le gelinier et le coq d'une ferme lui répondre faiblement, sentinelle juchée aux avant-postes du village endormi !

Ah ! si le roi nous lisait dans son Louvre, — ô ma muse inabritée contre les orages de la vie, — le seigneur suzerain de tant de fiefs qu'il ignore le nombre de ses châteaux ne nous marchanderait pas une chaumine !"

CHÈVREMORTE[1]

Et moi aussi j'ai été déchiré par les épines de ce désert, et j'y laisse chaque jour quelque partie de ma dépouille.
(*Les Martyrs,* livre X)

"Ce n'est point ici qu'on respire la mousse des chênes et les bourgeons du peuplier, ce n'est point ici que les brises et les eaux murmurent d'amour ensemble.

Aucun baume, le matin après la pluie, le soir aux heures de la rosée, et rien pour charmer l'oreille que le cri du petit oiseau en quête d'un brin d'herbe.

Désert qui n'entend plus la voix de Jean-Baptiste ! Désert que n'habitent plus ni les ermites ni les colombes !

Ainsi mon âme est une solitude où, sur le bord de l'abîme, une main à la vie et l'autre à la mort, je pousse un sanglot désolé.

Le poète est comme la giroflée qui s'attache, frêle et odorante, au granit, et demande moins de terre que de soleil.

Mais, hélas ! je n'ai plus de soleil, depuis que se sont fermés les yeux si charmants qui réchauffaient mon génie !"

1. A une demi-lieue de Dijon.

Dijon et Seurre
(Côte-d'Or)

Bossuet

(Dijon ou Seurre 1627 - Paris 1704)

Le très célèbre critique Sainte-Beuve, dont on connaît le style piquant, a écrit ces phrases sur Bossuet : "Il est la voix éloquente par excellence, la plus simple, la plus forte, la plus brusque, la plus familière, la plus soudainement tonnante. Il roule en son cours des trésors d'éternelle morale humaine. Il est unique pour nous, et, quel que soit l'emploi de sa parole, il reste le modèle de l'éloquence la plus haute et de la plus belle langue."

Jacques Bénigne Bossuet, orateur, écrivain, théologien et théoricien politique, fut ordonné prêtre en 1652. Il prêcha à Metz durant sept années et s'y fit remarquer, notamment par ses entretiens avec le pasteur Ferry et par sa tentative de rapprocher catholiques et protestants. Appelé à Paris, en 1659, par saint Vincent de Paul, il y prêcha jusqu'en 1670 et acquit une solide notoriété.

Elu à l'Académie Française en 1671, il est nommé évêque de Meaux en 1681, après avoir été précepteur du Grand Dauphin, fils de Louis XIV et évêque de Condom.

De cet éminent théologien, on pourrait citer son Traité de la concupiscence *(1700), sa* Relation sur le Quiétisme *(1698), ou encore son* Discours de l'Histoire universelle *(1681)..*

Les parents de Bossuet avaient une maison à Seurre, à 45 kilomètres au sud de Dijon. Le très célèbre orateur a séjourné dans ce bourg (arrondissement de Beaune) où il existe la «maison Bossuet», convertie aujourd'hui en musée.

Auteur d'une œuvre abondante, Bossuet connut un immense succès avec ses Sermons. *Parmi eux, il s'en trouve un très célèbre intitulé* "Méditation sur la brièveté de la vie". *Il fait suite à cette brève présentation.*

"C'est bien peu de chose que l'homme, et tout ce qui a fin est bien peu de chose. Le temps viendra où cet homme qui nous semblait si grand ne sera plus, où il sera comme l'enfant qui est encore à naître, où il ne sera rien. Si longtemps qu'on soit au monde, y serait-on mille ans, il faut en venir là. Il n'y a que le temps de ma vie qui me fait différent de ce qui ne fut jamais : cette différence est bien petite, puisqu'à la fin je serai encore confondu avec ce qui n'est point, et qu'arrivera le jour où il ne paraîtra pas seulement que j'aie été, et où peu m'importera combien de temps j'aie été, puisque je ne serai plus. J'entre dans la vie avec la loi d'en sortir, je viens faire mon personnage, je viens me montrer comme les autres ; après, il faudra disparaître. J'en vois passer devant moi, d'autres me verront passer ; ceux-là mêmes donneront à leurs successeurs le même spectacle ; et tous enfin se viendront confondre dans le néant.

Ma vie est de quatre-vingts ans tout au plus ; prenons-en cent : qu'il y a eu de temps où je n'étais pas ! qu'il y en a où je ne serai point ! et que j'occupe peu de place dans ce grand abîme de temps ! Je ne suis rien ; ce petit intervalle n'est pas capable de me distinguer du néant où il faut que j'aille. Je ne suis venu que pour faire nombre, encore n'avait-on que faire de moi ; et la comédie ne se serait pas moins bien jouée, quand je serais demeuré derrière le théâtre. Ma partie est bien petite en ce monde, et si peu considérable que, quand je regarde de près, il me semble que c'est un songe de me voir ici, et que tout ce que je vois ne sont que de vains simulacres : *Prœterit figura hujus mundi.*

Ma carrière est de quatre-vingts ans tout au plus ; et, pour aller là, par combien de périls faut-il passer ? par combien de maladies, etc. ? à quoi tient-il que le cours ne s'en arrête à chaque moment ? Ne l'ai-je pas reconnu quantité de fois ? J'ai échappé la mort à telle et telle rencontre : c'est mal parlé, j'ai échappé la mort : j'ai évité ce péril, mais non pas la mort : la mort nous dresse diverses embûches ; si nous échappons l'une, nous tombons en une autre ; à la fin, il faut venir entre ses mains. Il me semble que je vois un arbre battu des vents ; il y a des feuilles qui tombent à chaque moment ; les unes résistent plus, les autres moins : que s'il y en a qui échappent de l'orage, toujours l'hiver viendra, qui les flétrira et les fera tomber ;

ou comme dans une grande tempête, les uns sont soudainement suffoqués, les autres flottent sur un ais[1] abandonné aux vagues ; et lorsqu'il croit avoir évité tous les périls, après avoir duré longtemps, un flot le pousse contre un écueil et le brise. Il en est de même : le grand nombre d'hommes qui courent la même carrière fait que quelques-uns passent jusqu'au bout ; mais, après avoir évité les attaques diverses de la mort, arrivant au bout de la carrière où ils tendaient parmi tant de périls, ils la vont trouver eux-mêmes, et tombent à la fin de leur course : leur vie s'éteint d'elle-même comme une chandelle qui a consumé sa matière.

Ma carrière est de quatre-vingts ans tout au plus ; et de ces quatre-vingts ans, combien y en a-t-il que je compte pendant ma vie ? Le sommeil est plus semblable à la mort ; l'enfance est la vie d'une bête. Combien de temps voudrais-je avoir effacé de mon adolescence ? et quand je serai plus âgé, combien encore ? Voyons à quoi tout cela se réduit. Qu'est-ce que je compterai donc ? car tout cela n'en est déjà pas. Le temps où j'ai eu quelque contentement, où j'ai acquis quelque honneur ? mais combien ce temps est-il clairsemé dans ma vie ? c'est comme des clous attachés à une longue muraille, dans quelque distance ; vous diriez que cela occupe bien de la place ; amassez-les, il n'y en a pas pour emplir la main. Si j'ôte le sommeil, les maladies, les inquiétudes, etc., de ma vie ; que je prenne maintenant tout le temps où j'ai eu quelque contentement ou quelque honneur, à quoi cela va-t-il ? Mais ces contentements, les ai-je eus tous

1. Planche.

ensemble ? les ai-je eus autrement que par parcelles ? mais les ai-je eus sans inquiétude, et, s'il y a de l'inquiétude, les donnerai-je au temps que j'estime, ou à celui que je ne compte pas ? Et ne l'ayant pas eu à la fois, l'ai-je du moins eu tout de suite ? l'inquiétude n'a-t-elle pas toujours divisé deux contentements ? ne s'est-elle pas toujours jetée à la traverse pour les empêcher de se toucher ? Mais que m'en reste-t-il ? Des plaisirs licites, un souvenir inutile ; des illicites, un regret, une obligation à l'enfer ou à la pénitence, etc. Ah ! que nous avons bien raison de dire que nous passons notre temps ! Nous le passons véritablement, et nous passons avec lui. Tout mon être tient à un moment ; voilà ce qui me sépare du rien : celui-là s'écoule, j'en prends un autre ; ils se passent les uns après les autres ; les uns après les autres je les joins, tâchant de m'assurer ; et je ne m'aperçois pas qu'ils m'entraînent insensiblement avec eux, et que je manquerai au temps, non pas le temps à moi. Voilà ce que c'est que de ma vie ; et ce qui est épouvantable, c'est que cela passe à mon égard, devant Dieu cela demeure. Ces choses me regardent. Ce qui est à moi, la possession en dépend du temps, parce que j'en dépends moi-même ; mais elles sont à Dieu devant moi, elles dépendent de Dieu devant que du temps ; le temps ne les peut tirer de son empire, il est au-dessus du temps : à son égard cela demeure, cela entre dans ses trésors. Ce que j'y aurai mis, je le trouverai : ce que je fais dans le temps, passe par le temps à l'éternité ; d'autant que le temps est compris et est sous l'éternité, et aboutit à l'éternité. Je ne jouis des moments de cette vie que durant le passage ; quand ils passent, il faut que j'en réponde comme s'ils demeuraient. Ce n'est pas assez dire : ils sont passés, je n'y songerai plus. Ils sont passés, oui pour moi, mais à Dieu, non ; il m'en demandera compte.

Hé bien ! mon âme, est-ce donc si grand'chose que cette vie ? et si cette vie est si peu de chose, parce qu'elle passe, qu'est-ce que les plaisirs qui ne tiennent pas toute la vie, et qui passent en un moment ? cela vaut-il bien la peine de se damner ? cela vaut-il bien la peine de se donner tant de peine, d'avoir tant de vanité ? Mon Dieu, je me résous de tout mon cœur, en votre présence, de penser tous les jours, au moins en me couchant et en me levant, à la mort. En cette pensée : "J'ai peu de temps, j'ai beaucoup de chemin à faire, peut-être en ai-je encore moins que je ne pense," je louerai Dieu de m'avoir retiré ici pour songer à la pénitence, et mettrai ordre à mes affaires, à ma confession, à mes exercices avec grande exactitude, grand courage et grande diligence ; pensant, non pas à ce qui passe, mais à ce qui demeure."

Bossuet, qui figure en lettres d'or dans l'histoire de notre littérature, n'occupe pas toujours dans les esprits de notre temps la place qui devrait lui revenir. Aussi, les extraits qui suivent tendent à rappeler la fécondité de son génie.

La Jeunesse
(Extrait du ***Panégyrique de saint Bernard***)

"Vous dirai-je en ce lieu ce que c'est qu'un jeune homme de vingt-deux ans ? Quelle ardeur, quelle impatience, quelle impétuosité de désirs ! Cette force, cette vigueur, ce sang chaud et bouillant, semblable à un vin fumeux, ne leur permet rien de rassis ni de modéré. Dans les âges suivants on commence à prendre son pli, les passions s'appliquent à quelques objets, et alors celle qui domine ralentit du moins la fureur des autres : au lieu que cette verte jeunesse n'ayant encore rien de fixe ni d'arrêté, en cela même qu'elle n'a point de passion dominante par-dessus les autres, elle est emportée, elle est agitée tour à tour de toutes les tempêtes des passions avec une incroyable violence. Là les folles amours, là le luxe, l'ambition et le vain désir de paraître exercent leur empire sans résistance. Tout s'y fait par une chaleur inconsidérée et comment accoutumer à la règle, à la solitude, à la discipline, cet âge qui ne se plaît que dans le mouvement et dans le désordre, qui n'est presque jamais dans une action composée, "et qui n'a honte que de la modération et de la pudeur ?"

Certes, quand nous nous voyons penchants sur le retour de notre âge, que nous comptons déjà une longue suite de nos ans écoulés, que nos forces se diminuent, et que, le passé occupant la partie la plus considérable de notre vie, nous ne tenons plus au monde que par un avenir incertain : ah ! le présent ne touche plus guère. Mais la jeunesse, qui ne songe pas que rien lui soit encore échappé, qui sent sa vigueur entière et présente, ne songe aussi qu'au présent, et y attache toutes ses pensées. Dites-moi, je vous prie, celui qui croit avoir le présent tellement à soi, quand est-ce qu'il s'adonnera aux pensées sérieuses de l'avenir ? Quelle apparence de quitter le monde, dans un âge où il ne nous présente rien que de plaisant ? Nous voyons toutes choses selon la disposition où nous sommes : de sorte que la jeunesse, qui semble n'être formée que pour la joie et pour les plaisirs, ah ! elle ne trouve rien de fâcheux, tout lui rit, tout lui applaudit. Elle n'a point encore d'expérience des maux du monde, ni des traverses qui nous arrivent : de là vient qu'elle s'imagine qu'il n'y a point de dégoût, de disgrâce pour elle. Comme elle se sent forte et vigoureuse, elle bannit la crainte, et tend les voiles de toutes parts à l'espérance qui l'enfle et qui la conduit.

Vous le savez, fidèles, de toutes les passions, la plus charmante, c'est l'espérance. C'est elle qui nous entretient et qui nous nourrit, qui adoucit toutes les amertumes de la vie ; et souvent nous quitterions des biens effectifs, plutôt que de renoncer à nos espérances. Mais la jeunesse téméraire et malavisée, qui présume toujours beaucoup à cause qu'elle a peu expérimenté, ne voyant point de difficulté dans les choses, c'est là que l'espérance est la plus véhémente et la plus hardie, si bien que les jeunes gens, enivrés de leurs espérances, croient tenir tout ce qu'ils poursuivent ; toutes leurs imaginations leur paraissent des réalités. Ravis d'une certaine douceur de leurs prétentions infinies, ils s'imagineraient perdre infiniment, s'ils se départaient de leurs grands desseins ; surtout les personnes de condition, qui, étant élevées dans un certain esprit de grandeur, et bâtissant toujours sur les honneurs de leur maison et de leurs ancêtres, se persuadent facilement qu'il n'y a rien à quoi ils ne puissent prétendre."

Eloquence de saint Paul
(Extrait du ***Panégyrique de saint Paul)***

"N'attendez pas de l'Apôtre ni qu'il vienne flatter les oreilles par des cadences harmonieuses, ni qu'il veuille charmer les esprits par de vaines curiosités. Saint Paul rejette tous les artifices de la rhétorique. Son discours, bien loin de couler avec cette douceur agréable, avec cette égalité tempérée que nous admirons dans les orateurs, paraît inégal et sans suite à ceux qui ne l'ont pas assez pénétré, et les délicats de la terre, qui ont, disent-ils, les oreilles fines, sont offensés de la dureté de son style irrégulier. Mais, mes frères, n'en rougissons pas. Le discours de l'Apôtre est simple, mais ses pensées sont toutes divines. S'il ignore la rhétorique, s'il méprise la philosophie, Jésus-Christ lui tient lieu de tout ; et son nom qu'il a toujours à la bouche, ses mystères qu'il traite si divinement, rendront sa simplicité toute-puissante.

Il ira, cet ignorant dans l'art de bien dire, avec cette locution rude, avec cette phrase qui sent l'étranger, il ira en cette Grèce polie, la mère des philosophes et des orateurs, et, malgré la résistance du monde, il y établira plus d'églises que Platon n'y a gagné de disciples par cette éloquence qu'on a crue divine. Il prêchera Jésus dans Athènes, et le plus savant de ses sénateurs passera de l'aréopage en l'école de ce barbare. Il poussera encore plus loin ses conquêtes, il abattra aux pieds du Sauveur la majesté des faisceaux romains en la personne d'un proconsul, et il fera trembler dans leurs tribunaux les juges devant lesquels on le cite. Rome même entendra sa voix ; et un jour cette ville maîtresse se tiendra bien plus honorée d'une lettre du style de Paul, adressée à ses concitoyens, que de tant de fameuses harangues qu'elle a entendues de son Cicéron.

Et d'où vient cela, chrétiens ? C'est que Paul a des moyens pour persuader que la Grèce n'enseigne pas, et que Rome n'a pas appris. Une puissance surnaturelle, qui se plaît de relever ce que les superbes méprisent, s'est répandue et mêlée dans l'auguste simplicité de ses paroles. De là vient que nous admirons dans ses admirables Epitres une certaine vertu plus qu'humaine, qui persuade contre les règles, ou plutôt qui ne persuade pas tant qu'elle captive les entendements ; qui ne flatte pas les oreilles, mais qui porte ses coups droit au cœur. De même qu'on voit un grand fleuve qui retient encore, coulant dans la plaine, cette force violente et impétueuse qu'il avait acquise aux montagnes d'où il tire son origine ; ainsi cette vertu céleste qui est contenue dans les écrits de saint Paul, même dans cette simplicité de style, conserve toute la vigueur qu'elle apporte du ciel, d'où elle descend."

La Passion

(Extrait du *Sermon* prononcé le Vendredi saint de l'année 1660.)

"Que fait-il donc dans sa passion ? Le voici en un mot dans l'Ecriture : *Tradebat autem judicanti se injuste :* "Il se livrait, il s'abandonnait à celui qui le jugeait injustement" ; et ce qui se dit de son juge se doit entendre conséquemment de tous ceux qui entreprennent de l'insulter : *Tradebat autem* ; il se donne à eux, pour en faire tout ce qu'ils veulent. On le veut baiser, il donne ses lèvres ; on le veut lier, il présente les mains ; on le veut souffleter, il tend les joues ; frapper à coups de bâton, il tend le dos ; flageller inhumainement, il tend les épaules. On l'accuse devant Caïphe et devant Pilate, il se tient pour tout convaincu ; Hérode et toute sa cour se moque de lui, et on le renvoie comme un fou, il avoue tout par son silence ; on l'abandonne aux valets et aux soldats, et il s'abandonne encore plus lui-même. Cette face autrefois si majestueuse, qui ravissait en admiration le ciel et la terre, il la présente droite et immobile aux crachats de cette canaille ; on lui arrache les cheveux et la barbe, il ne dit mot, il ne souffle pas ; c'est une pauvre brebis qui se laisse tondre.

— Venez, venez, camarades, dit cette soldatesque insolente ; voilà ce fou dans le corps de garde, qui s'imagine être roi des Juifs ; il faut lui mettre une couronne d'épines !

— *Tradebat autem judicanti se injuste.* Il la reçoit ; — et elle ne tient pas assez, il faut l'enfoncer à coups de bâton ; — frappez, voilà la tête.— Hérode l'a habillé de blanc comme un fou : apporte cette vieille casaque d'écarlate pour le changer de couleur ! — Mettez, voilà les épaules. — Donne, donne ta main, roi des Juifs, tiens ce roseau en forme de sceptre ! — La voilà, faites-en ce que vous voudrez. — Ah ! maintenant ce n'est plus un jeu, ton arrêt de mort est donné ; donne encore ta main, qu'on la cloue ! — Tenez, la voilà encore. — Enfin assemblez-vous, ô Juifs et Romains, grands et petits, bourgeois et soldats, revenez cent fois à la charge ; multipliez sans fin les coups, les injures, plaies sur plaies, douleurs sur douleurs, indignités sur indignités ; insultez sa misère jusque sur la croix ; qu'il devienne l'unique objet de vos risées, comme un insensé ; de votre fureur, comme un scélérat : *Tradebat autem ;* il s'abandonne à vous sans réserve ; il est prêt à soutenir tout ensemble tout ce qu'il y a de dur et d'insupportable dans une raillerie inhumaine et dans une cruauté malicieuse.

Eh bien ! chrétiens, avez-vous bien considéré cette peinture épouvantable ! Cet amas terrible de maux inouïs, que je vous ai mis tout ensemble devant les yeux, suffit-il pas pour émouvoir ? Quoi, je vois encore vos yeux secs ! quoi ! je n'entends point encore de sanglots ! Attendez-vous que je représente en particulier toutes les diverses circonstances de cette sanglante tragédie ? faut-il que j'en fasse paraître successivement tous les différents personnages : un Judas qui le baise, un Pierre qui le renie, un Malchus qui le frappe, de faux témoins qui le calomnient, des prêtres qui blasphèment son nom, un juge qui reconnaît et qui condamne néanmoins son innocence ? faut-il que je vous dépeigne notre criminel gémissant à deux ou trois reprises sous la grêle des coups de fouet, suant sous la pesanteur de sa croix, usant toutes les verges sur ses épaules, émoussant en sa tête toute la pointe des épines, lassant tous les bourreaux sur son corps ? Mais le jour nous aurait quitté avant que j'eusse seulement touché la moitié de ce détail épouvantable : abrégez ce discours par une méditation sérieuse."

Les Railleurs

"Hommes doctes et curieux, si vous voulez discuter la religion, apportez-y du moins la gravité et le poids que la matière demande. Ne faites pas les plaisants mal à propos dans des choses si sérieuses et si vénérables. Ces importantes questions ne se décident pas par vos demi-mots et par vos branlements de tête, par ces fines railleries que vous nous vantez et par ce dédaigneux souris. Pour Dieu, comme disait cet ami de Job, ne pensez pas être les seuls hommes, et que toute la sagesse soit dans votre esprit, dont vous nous vantez la délicatesse. Vous qui voulez pénétrer les secrets de Dieu, çà, paraissez, venez en présence, développez-nous les énigmes de la nature ; choisissez ou ce qui est loin, ou ce qui est près, ou ce qui est à vos pieds, ou ce qui est bien haut suspendu sur vos têtes : quoi ! partout votre raison demeure arrêtée ! partout, ou elle gauchit, ou elle s'égare, ou elle succombe ! Cependant vous ne voulez pas que la foi vous prescrive ce qu'il faut croire ! Aveugles, chagrins et dédaigneux, vous ne voulez pas qu'on vous guide et qu'on vous donne la main. Pauvres voyageurs égarés et présomptueux, qui croyez savoir le chemin, qui vous refusez la conduite, que voulez-vous qu'on vous fasse ? Quoi ! voulez-vous donc qu'on vous laisse errer ? Mais vous irez vous engager dans des détours infinis, dans quelque chemin perdu ; vous vous jetterez dans quelque précipice. Voulez-vous qu'on vous fasse entendre clairement toutes les vérités divines ? Mais considérez où vous êtes, et en quelle basse région du monde vous avez été relégués. Voyez cette nuit profonde, ces ténèbres épaisses qui vous environnent, la faiblesse, l'imbécillité, l'ignorance de votre raison. Concevez que ce n'est pas ici la région de l'intelligence. Pourquoi ne voulez-vous donc pas qu'en attendant que Dieu se montre à découvert ce qu'il est, la foi vienne à votre secours et vous apprenne du moins ce qu'il faut en croire ?"

Dijon (Côte-d'Or)

Crébillon

(Dijon 1674 - Paris 1762)

Prosper Jolyot, sieur de Crais-Billon, dit Crébillon père, est un auteur tragique qui utilisa la versification pour faire passer son jeu très personnel des passions dramatiques. Ce fils de notaire se destinait au barreau, mais son génie créateur en décida autrement. Il fit ses débuts avec Ydoménée *(1705), pièce qui remporta un franc succès. L'œuvre de Crébillon père a beaucoup vieilli et ne correspond plus aux courants de sensibilité moderne ; mais cet auteur à la prodigieuse mémoire, qui composait ses tragédies dans sa tête avant de les écrire en vers, a laissé une œuvre importante pleine de vigueur, d'ingéniosité, de coups de théâtre, même si, parfois, ses personnages n'ont que l'apparence tragique. Son sens de l'intrigue n'en fit pas, malgré tout, un immense auteur. D'ailleurs, il se plaisait à dire : "Corneille a pris le ciel, Racine la terre ; il ne me restait que l'enfer et je m'y suis jeté à corps perdu."*

Après avoir connu la prospérité, Crébillon père, qui fut reçu à l'Académie en 1731, sombra dans la pauvreté, la solitude et la déraison. On lui doit plusieurs tragédies, notamment Astrée et Thyeste *(1707),* Electre *(1708),* Rhadamiste et Zénobie *(1711). Cette dernière pièce fut son grand succès.*

Crébillon père eut un fils, Claude Jolyot (Paris 1707-1777) qui se distingua par des écrits licencieux. Romancier, cet auteur grivois, homme d'esprit, analyste délicat, fut néanmoins censeur royal. Les titres de ses romans sont très suggestifs : Les Egarements du cœur et de l'esprit *(1736),* La Nuit et le moment *(1755),* Le Hasard du coin du feu *(1765).*

M. de Crébillon ayant été élu par Messieurs de l'Académie Française, à la place de M. de la Faye, y prit séance le jeudi 27 septembre 1731, et prononça le remerciement qui suit :

"Muse, voici le jour si longtemps attendu,
Jour, dont aucun espoir ne m'annonçait l'aurore ;
Jour heureux, qui pour nous ne luirait pas encore,
Si de nos seuls succès sa course eût dépendu.
Muse, vous le voyez ; une troupe immortelle
Daigne vous partager ses honneurs, ses emplois ;
Parlez ; et s'il se peut, justifiez son choix :
Mais ne prononcez rien qui ne soit digne d'Elle.
Apollon, c'est ici que tu dois m'avouer,
Puisque ta voix m'appelle au Temple de Mémoire.
Je ne demande rien qui ne soit à ta gloire ;
Ce sont tes favoris que je voudrais louer.
Aucun fiel n'a jamais empoisonné ma plume.
Ferais-je pour chanter des efforts superflus ?
Dieu des vers, aux rayons dont brillent tes élus,

Souffre pour un moment que mon feu se rallume.
Je les vois tous couverts de ces rayons divins.
Dans leurs mains chaque jour tu déposes ta lyre.
Ma Muse, un jour de gloire est un jour de délire :
Sers mon audace et prends la lyre dans leurs mains.
Téméraire, arrêtez, et respectez Minerve ;
Elle a, comme Apollon, ses autels en ces lieux ;
La raison y préside, et son front sérieux
Se riderait aux traits d'une indiscrète verve.
Je la vois qui déjà blâme nos vains efforts.
Puisque du moindre excès sa dignité s'offense,
Muse, ne célébrons que ma reconnaissance.
La Raison elle-même avouera nos transports.
Mais quel éclat nouveau tout à coup m'environne ?
Sommes-nous sur l'Olympe, ou dans le champ de Mars ?
Quel charme vient d'unir sous mêmes étendards
Les enfants des neuf Sœurs aux enfants de Bellonne ?
Pourpres, mitres et croix, Mars, Neptune et Thémis,
Tout se confond ici, s'allie et s'humanise.
Sans orgueil avec moi le héros fraternise ;
Et je ne crois plus voir qu'une troupe d'amis.
Ame de Richelieu, contemple ton ouvrage
Qui doit ainsi que toi percer la nuit des temps :
Ces illustres mortels, sans cesse renaissants
Comme pour t'assurer un éternel hommage.
Dans l'art de gouverner moins ministre que roi,
L'Univers en tremblant adora ton génie ;
Tout plia devant toi dans le cours de ta vie :
Tu soumets l'avenir, et règnes après toi.
Cependant il n'est plus, ce mortel si célèbre
Qui fit trembler Thétis et le fier dieu de l'Ebre.
Quelle éclipse pour vous ! Et quel astre nouveau
Pouvait ici du jour ramener le flambeau ?

Mais en sujets la France aussi riche que Rome
En même temps regrette et produit un grand homme.
Armand vous laissait-il l'espoir d'un successeur ?
Il apparut, cueillit ce sublime héritage ;
Et sur Armand, Séguier eut même un avantage :
Du plus grand des mortels il fut le précurseur.
Louis, ô nom chéri, souverain adorable !
Des caprices du sort exemple mémorable,
A tes mânes sacrés nous n'offrons plus de fleurs
Que nos regrets profonds n'arrosent de nos pleurs.
Vous, qui l'avez suivi de victoire en victoire,
A la fois compagnons et témoins de sa gloire,
Qui de tout votre sang sûtes la consacrer,
Guerriers, qui mieux que vous saurait la célébrer ?
Quel Roi mérita mieux une auguste louange ?
De dons et de vertus quel précieux mélange !
C'était, après les dieux, l'âme de l'univers.
Roi, grand par ses exploits, plus grand par ses revers,
La mort termine en vain son illustre carrière.
Ce demi-dieu mortel ressemble à la lumière
Qui prend de nouveaux feux dans l'ombre de la nuit,
Et semble encor s'accroître au moment qu'elle fuit.
France, console-toi, Louis vient de renaître.
Des hommes tels que lui peuvent-ils cesser d'être ?
Digne trône d'un roi fameux par ses travaux,
On dirait que le Ciel te doive des héros ;
Que le sang des Bourbons, tige heureuse et féconde,
Doive dans chaque enfant donner un maître au monde.
Français, loin de gémir sous d'odieuses lois,
Vous retrouvez toujours vos pères dans vos rois.
Votre bonheur constant ne dépend point des Parques
A peine vous perdez le plus grand des monarques
Qu'un autre, jeune encor, fait briller des vertus

Que Rome à quarante ans admirait dans Titus.
Juste, clément, pieux, son austère jeunesse
Semble déjà dicter les lois de sa vieillesse.
Un ministre attentif, prudent, religieux[1],
Fuyant de vains lauriers l'éclat ambitieux,
Qui sait, du bien public sage dépositaire,
User en citoyen du pouvoir arbitraire,
Aigle de Jupiter, mais ami de la paix,
Il gouverne la foudre, et ne tonne jamais.
Louis, c'est mériter l'empire de la terre
Que savoir dignement confier son tonnerre.
Tu crains, après ces noms, de reparaître au jour,
La Faye : et que crains-tu ? C'est ici ton séjour.
Viens t'y montrer paré de ces grâces naïves
Qu'Apollon dans tes vers semble tenir captives.
De ton génie heureux prête-moi la douceur.
Viens toi-même établir ton faible successeur.
De combien d'agréments ta raison fut ornée !
Sur quels objets encor parut-elle bornée ?
Le goût du vrai, du beau, censeur ingénieux,
Qui sans humilier montrait à faire mieux ;
Le sel athénien, l'urbanité romaine ;
Tour à tour Lélius, Malherbe, ou La Fontaine ;
Aimable paresseux plongé dans le loisir,
Quel n'eût-il pas été ? Mais sa muse volage,
Parmi tant de talents qui n'avait qu'à choisir,
Aimait trop de l'esprit le doux libertinage[2].

1. Le cardinal de Fleury (1653-1743), d'abord aumônier de Louis XIV puis précepteur de Louis XV, dont il devint le premier ministre en 1726.
2. Jean Leriget de La Faye (1674-1731) avait été admis à l'Académie moins pour ses œuvres que pour la protection qu'il accordait aux gens de lettres. Il était doté d'un agréable talent poétique, dont il eut en effet la paresse d'user peu.

Quelle perte pour vous ! Quelle honte pour moi !
Apollon, je me tais : j'espérais mieux de toi.
Il faut plus de grandeur quand l'audace est extrême
Sur ta foi j'ai suivi mon orgueilleux projet.
Tu ne te plaindras pas du moins de mon sujet ;
Et tu me le fais croire au-dessus de toi-même."

Dijon (Côte-d'Or)

∴ Bernard de La Monnoye ∴

(Dijon 1641 - Paris 1728)

C'est avec une ferveur rare et une fidélité tenace envers sa Bourgogne natale que le poète Bernard de La Monnoye chanta son terroir. Cet érudit finement pétri par toutes les modalités classiques composa des poèmes sur Noël ; François Fertiault nous rappelle qu'ils "pénétrèrent jusqu'à la Cour ; ils y furent accueillis, on les chanta, et un beau jour seigneurs et grandes dames se prirent plaisamment à essayer de parler bourguignon..." En effet, ces petits chefs-d'œuvre, qui se caractérisent par leur esprit et leur malice, furent écrits initialement dans la langue du terroir et ensuite traduits vers le français courant. Ils doivent être considérés avant tout comme un prétexte, pour le poète, à se rire et se moquer aussi bien des hommes, du saint mystère que de Dieu lui-même.

Les Noëls bourguignons *de Bernard de La Monnoye connurent un succès considérable puisqu'ils comptèrent, entre 1700 et 1870, une vingtaine d'éditions. Bernard de La Monnoye est également l'auteur d'un* Glossaire du patois bourguignon *et du* Menagiana *(1715).*

Les trois poèmes qui suivent ont été écrits, à l'origine, en patois bourguignon. Ils appartiennent à un recueil intitulé Les Noëls bourguignons *qui fut édité en 1842 dans le cadre d'un texte revu et corrigé. Ces poèmes ont souvent été chantés.*

NOËL

Pour la conversion de Blaizotte et de Gui son ami,
faite vers ce saint temps

Sur l'air : *Quitte ta musette*

Vers Noël, Blaizotte,
Jadis si joliette,
Vers Noël, Blaizotte
(Comme tout change enfin !)
Vieille et cassée,
Bien confessée,
Prit la pensée,
Par un matin,
De rompre avec Gui, son ami.

"Quittons, lui fit-elle,
Le monde et sa séquelle,
Quittons, lui fit-elle,
Le monde sans retour.
Le fruit de vie,
Né de Marie,
Nous y convie
En ce saint jour ;
Il est temps qu'il soit le plus fort.

"Devers lui, j'enrage,
Vieille, laide et mal-sage,
Devers lui, j'enrage
De me tourner si tard.
J'ai tort sans doute ;
Toi seul eus toute
La mère goutte ;
Lui, pour sa part,
N'aura désormais rien que le marc.

"Quand je me souviens
De nos dits, de nos bourdes
Quand je me souviens
De notre désordre,
J'en ai tant de honte
Que je m'épouvante
D'en rendre compte...
Faut-il mourir
L'âme noire et les cheveux gris ?

"Durant tant d'années
Que tu m'as gouvernée,
Durant tant d'années,
Combien nous avons fait les fous !
En cachette,
Que de pinceries !
Que de caresses !
Ah ! c'en est trop...
Nous avons de quoi gémir notre saoul.

"Au pied de la Crèche,
Pleurons, lavons nos taches
Au pied de la Crèche,
Prions le Saint Enfant.

Le cœur sans feinte,
Percé de pointes,
Les deux mains jointes,
Prions-le tant
Que de noirs il nous rende blancs.

"J'ai quelques retailles
Qu'il faut que je lui donne,
J'ai quelques retailles
Propres à l'emmailloter.
J'ai pour sa mère
Quelques jarretières,
Quelques brassières ;
Et pour Joseph
Ton bonnet qui m'est resté !

"Toi qui fais des rimes
Que la Roulotte estime,
Toi qui fais des rimes,
Offre-lui des chansons.
Sur la pavane,
Sur la becane
Son bœuf, son âne
En danseront,
Lui, dormira peut-être au son.

"Il vient à notre aide,
Profitons du remède,
Il vient à notre aide,
Ami, sauve qui peut.
Mes jours s'envolent
Les tiens s'écoulent,
Songe à ton rôle,
Et que tous deux
Nous sommes sur le même penchant."

Gui, dont le cœur tendre
Ne pouvait se déprendre,
Gui, dont le cœur tendre
Tenait encore à la glu,
En fin finale,
Sur le modèle
De sa donzelle,
Pour son salut,
Fit de nécessité vertu.

En réjouissance
D'une telle repentance,
En réjouissance
Louons le fils de Dieu.
C'est la droiture ;
Pour moi je jure
Et je rejure
Mon grain de sel
Que j'en dirai toujours Noël.

Sur l'air : *Ma mère, menez-moi*

Guillot, prends ton tambourin,
Toi, prends ta flûte, Robin ;
Au son de ces instruments,
Turelurelu, patapatapan,
Au son de ces instruments,
Nous dirons Noël gaiement.

C'était la mode autrefois
De louer le Roi des Rois :
Au son de ces instruments
Turelurelu, patapatapan,
Au son de ces instruments
Il nous en faut faire autant.

Ce jour le Diable est à cul,
Rendons-en grâce à Jésus :
Au son de ces instruments
Turelurelu, patapatapan,
Au son de ces instruments,
Faisons la nique à Satan.

L'homme et Dieu sont plus d'accord
Que la flûte et le tambour :
Au son de ces instruments,
Turelurelu, patapatapan,
Au son de ces instruments,
Chantons, dansons, sautons-en !

NOËL

Sur l'air : *Si le destin te condamne à l'absence.*

Voisin, c'est fait.
Les trois messes sont dites ;
Deux heures ont sonné,
Le boudin a hâte,
L'andouille est prête, allons déjeuner.
Si la loi judaïque
Défend le lard comme hérétique,
Ce n'est pas de même en chrétienté.
Mangeons du porc frais,
Mangeons, nous aurons bruit
D'être meilleurs catholiques,
Plus
Nous serons friands de goret.

Dijon *(Côte-d'Or)*

Aimé Piron

(Dijon 1640 - *id.* 1727)

Le poète Aimé Piron, qui fut échevin de sa ville natale et apothicaire de son état, n'a pas laissé dans l'histoire de la littérature la place qu'occupe son fils, le poète et auteur comique Alexis Piron. Toutefois, sur un plan strictement régional, il faut savoir qu'il composa de nombreux textes en patois bourguignon qui lui valurent une belle notoriété. J. Durandeau, son "traducteur", a écrit sur lui des lignes de nature à lui redonner la place qu'il mérite :

"Aimé Piron est l'héritier de l'esprit bourguignon tel qu'il s'est épanoui au doux soleil de la Bourgogne et sous l'influence de la race. Il parle la langue du peuple comme ce peuple se l'est fabriquée, d'après ses goûts, son oreille et la conformation de son appareil buccal, dès son arrivée en Gaule, sur la fin du IVe siècle. Aimé Piron tient tellement à conserver cette langue maternelle dans sa candeur primitive qu'on le voit aller puiser aux sources pures, aux limpides réservoirs où l'on trouve le parler des aïeux, c'est-à-dire chez les vignerons, les manieurs du gouzot *(serpette) et du* fessou *(pioche), gens qui vivaient à part, étant tous les jours dans leurs vignes, et le soir dans leurs écraignes et leurs quartiers particuliers, dont les*

rues du Tillot et de la Roulotte formaient comme les centres distincts. Lui-même s'établit marchand apothicaire près de la place Saint-Georges, au confluent de cinq rues très vivantes et très populeuses : la rue du Bourg, la rue de la Poulaillerie, la rue de la Chapelotte et celles dites aujourd'hui rues Charrue et Amiral-Roussin. Il prend part à la vie de son quartier ; il rit avec le cordonnier d'en face, il plaisante avec la marchande de volaille du coin. Il peint tout ce menu peuple et toutes ces petites gens d'un pinceau à la fois sympathique et réaliste. Aimé Piron est le Téniers littéraire de la Bourgogne..."

Aimé Piron composa en patois des Noëls *(publiés en 1858) et des chansons et poèmes* Lai joye digonnaise *(1701) ou encore* Lé festin des Eta *(1706).*

Le texte qui suit, originairement écrit en patois bourguignon, a été "traduit" par J. Durandeau. Il s'agit d'un poème extrait de *Lai Mor au Diable* (la mort du diable).

NOËL
Sur l'air : *Laissez paître vos bêtes.*

"Après tant de misère,
Seigneur, en finissant nos maux,
Faites que ce mystère (de la naissance d'un Dieu)

Chasse le diable en enfer.
A la minuit tout justement,
Dieu, qui a fait le firmament
Malgré la gelée et les vents
Près des faubourgs de Bethléem
Entre un bœuf et un âne
Dans un panier, sur deux tréteaux,
Dessous (le toit) d'une cabane
Gît tout nu, sans langes.
Après tant de misère...

Ainsi que les Anges l'ont dit,
Il faut tous nous apprêter
A l'aller voir et lui porter,
Pour adoucir sa pauvreté,
Chacun selon nos moyens,
De quoi couvrir sa nudité ;
Sans secours et sans ressources,
Cet enfant va geler.
Après tant...

Vous qui du jour faites la nuit,
Le dos au feu, le ventre à table,
Vous remplissant la panse et puis
Vous en allez de là au jeu,
Ou boire dans les cafés
(Quelle chienne de vie est-ce là ?)
De la boisson plus noire
Que de l'eau des égouts !
Après tant...

Alors que tout gèle et tout fend,
Que vous dormez bien chaudement
Dans un lit bassiné longtemps
Entre couvertures et linge blanc,
Jésus, le peut-on croire ?
S'en vient d'une étrange façon
Du trône de la gloire
Coucher sur des glaçons !
Après tant...

Vous devriez bien songer en vous-même (à ceci que)
Nos pères, plus sages que nous,
Dans le temps que (la fête de) Noël approchait,
Quinze jours auparavant jeûnaient ;
Mais ce n'est plus la mode,
Car les gens bâfrent, en vérité,
D'une étrange manière,
Souvent jusqu'à en crever !
Après tant...

Mais laissons ce discours à part ;
C'est cracher, comme on dit, en l'air
De vouloir tant jaboter ; car
Il faudrait bien un autre clerc
Que moi, qui n'(y) entends goutte,
Pour débourber les égarés
De la mauvaise route
Où ils sont enfoncés.
Après tant...

Tant pis pour ceux-là qui ont tort !
Je me remets en mon discours,
Et je reviens près du faubourg
Où de Jésus l'aimable corps,
Etendu sur la dure,
Dans un état qui fait pitié,
Va (est) tremblant de froid
Depuis la tête aux pieds.
Après tant...

Nous verrons ce divin enfant
Qui nous dira d'un ton riant :
"Prenez courage, bonnes gens !
De Satan, je suis triomphant,
Et je compte mes peines
Pour rien, si vous en profitez ;
Brisez donc vos chaînes
Pour que tout aille bien !"
Après tant...

Les rois d'Orient, autrefois,
Se rencontrèrent en un endroit
Et s'en vinrent à lui tout droit ;
La France, certes, en a vu trois
De grande conséquence
Qui viendront vers ce digne enfant
Lui faire révérence
Chargés de beaux présents.
Après tant...

Le nôtre, à ce coup, le voilà
Le plus grand, le plus relevé
Qu'aucun autre qui ait été
Avant lui sur le trône assis.
Voulez-vous qu'on vous dise
D'où lui vient ce grand bonheur-là ?
C'est qu'il a pour l'église
Et pour Dieu tout risqué.
Après tant...

Henri IV sur ses vieux jours
Disait, entouré de sa cour,
Qu'il voulait que le siècle d'or
Dessous lui revint encore
Et que dans les villages
Il ferait si bien, tout par tout,
Q'en chaque ménage
On ait la poule au pot.
Après tant...

Mais nous allons voir Louis le Grand
Non seulement parler ainsi,
Mais même aller bien plus avant :
Témoin Philippe son enfant
Que voici roi d'Espagne !
Nous l'allons voir, ce noble roi,
Chasser notre humeur chagrine
De la France à jamais.
Après tant...

Nous entrons dans un siècle nouveau
Ragaillardis, qui sera beau ;
Point de disputes, point d'ennuis
Ne nous troubleront le cerveau !
Nous pourrons à notre aise
Mettre (cuire) des marrons au feu
Et les couvrir de braise
Jusqu'à ce qu'ils soient cuits !
Après tant...

Plus de partisans, de soldats
Qui viennent manger notre lard
Et qui, lorsqu'ils arrivent tard,
Le sabre dégainé, en l'air,
Se mettent à crier, en furie,
Qu'il leur faut donner de l'argent :
Maugredienne de vos vies,
Soldats et partisans !
Après tant...

Je vous le dis, et le redis,
N'est-il pas vrai que vos édits
En maigre état nous ont mis ;
Alors qu'on y pense on frémit !
Si l'on vous tirait les ailes (les plumes)
Que vous nous avez arrachées,
Plus secs que des copeaux
Nous vous verrions marcher.
Après tant...

De Huguenots nous n'en verrons plus.
Calvin, toi qui faisais l'entendu,
Tous tes temples sont abattus
Et tu t'es brûlé (calciné) le derrière.
Que si, par aventure,
Il est quelque mauvais Français
Qui soit ta créature,
Qu'il prenne garde au roi !
Après tant...

Enfin, prions le bon Jésus
Qu'un jour tous là-haut
Quand nous aurons bien longtemps vécu,
Nous nous voyions auprès de lui
Dans la troupe des anges,
Pêle-mêle avec eux, chantant
Sa bonté, ses louanges,
Toute une éternité.
Après tant..."

Dijon (Côte-d'Or)

∴ Alexis Piron ∴

(Dijon 1689 - *id.* 1773)

Plus connu que son père Aimé Piron, Alexis, considéré par Edouard Fournier comme un "érudit plus spirituel que savant", s'est rendu célèbre par son esprit caustique et sa verve d'auteur comique.

Avocat, il dut quitter Dijon et le barreau en raison du scandale que fit son Ode à Priape *et de sa dispute avec les Beaunois à la suite de la satire qu'il leur dédia dans son* Voyage de Piron à Beaune. *Il monta à Paris et fit du café* Le Procope, *lieu où se réunissaient nombre d'écrivains et notamment les encyclopédistes, son quartier général. Ses reparties cinglantes et ses écrits corrosifs en firent un personnage redouté.*

On lui doit également des pièces qu'il composa tant pour le théâtre de la Foire que pour la Comédie-Française, notamment La Métromanie (1738) *qui demeure l'un des rares chefs-d'œuvre, dans le genre, du XVIII*[e] *siècle, encore qu'il n'y peint qu'un ridicule et non un caractère.*

Ecarté de l'Académie par Louis XV, cet auteur, considéré par ses contemporains comme un petit maître en matière d'épi-

grammes acérées, se fit beaucoup d'ennemis et, après avoir sacrifié à bien des plaisirs, il devint très pieux.

En 1728, la Comédie-Française représenta sa pièce L'Ecole des Pères. *Elle eut plus de succès que ses tragédies* Callisthèmes *(1730) ou encore* Gustave Wasa *(1733).*

MON ÉPITAPHE
Virée en Bourguignon

"Ici gît si peu que rien :
Un drôle qui s'appelait Benigne :
Natif de Dijon vers Talant,
Qui n'est maintenant ni gai, ni triste,
Il ne fut ni maître, ni clerc,
Ni colonel, ni porte-enseigne,
Ni capitaine, ni soldat,
Non pas même à la sainte Hostie ;
Il ne mania pioche ni fléau,
Cric, équerre, serpette, ni cognée ;
Il ne fut ni prêtre, ni choriste,
Juge, procureur, ni bourreau,
Peu ni prou durant sa vie,
Fit-il pas bien de n'être rien ?
Formé d'un peu de boue devenue cendre,
N'est-on pas bien gras sous terre
D'avoir, sur cette terre, été quelque chose ?"

EPIGRAMMES

CONTRE VOLTAIRE

Son enseigne est *à l'Encyclopédie.*
Que vous plaît-il ? de l'anglais, du toscan ?
Vers, prose, algèbre, opéra, comédie ?
Poème épique, histoire, ode ou roman ?
Parlez ! C'est fait. Vous lui donnez un an ?
Vous l'insultez !... En dix ou douze veilles,
Sujets manqués par l'aîné des Corneilles,
Sujets remplis par le fier Crébillon,
Il refond tout. Peste ! Voici merveilles !
Et la besogne est-elle bonne ?... Oh ! non.

A MA BONNE AMIE

en lui envoyant une caisse de Moyeux de Dijon

Voici des fruits qu'un amant vous envoie.
Ce joli nom doit les faire accepter :
Recevez-les avec autant de joie
Que j'en ressens à vous les présenter.
Ils ne sont plus tels que Pomone
Se plut à les former autrefois de ses mains,
Dans le terroir heureux où l'amant d'Origone
Se fait adorer des humains.
Ils ne sont plus tels que, dans la contrée
Qu'arrosent les eaux du Lignon,
A son incomparable Astrée
Les offroit le beau Céladon.
Sur ces bords innocens et si dignes d'envie,
Tout était naturel, et les fruits et les fleurs,

Et les visages et les cœurs
Aujourd'hui tout se falsifie.
Plus de simplicité : le vain rafinement
Par tout regne avec l'imposture :
Le travail humain défigure
Tout ce que, dans le sien, Pomone a d'agrément
Les ouvrages de Flore et de son jeune amant
Sont le jouet de la peinture ;
Et l'art s'arroge impunément
Le triomphe de la Nature.
Ceci n'est presque plus un fruit.
Son vrai goût, sa couleur, hélas ! tout est détruit !
Ce que vous en voyez n'est dû qu'à l'artifice :
Son mérite n'est plus qu'un mérite factice ;
L'art n'a plus rien laissé de naturel en lui :
A combien de Beautés et d'amours aujourd'hui
Ne rend-il pas ce malheureux office ?

(*Œuvres choisies*, Londres, 1782)

Dijon (*Côte-d'Or*)

∴ Estienne **Tabourot** ∴

(Dijon 1549 - *id.* 1590)

La date de naissance de l'avocat et fils de magistrat Etienne Tabourot varie selon les sources. En effet, certains dictionnaires le firent naître en 1547. Cet écrivain et poète savant et facétieux devint procureur du roi au bailliage de Dijon en 1582.

Considéré comme un "Bourguignon salé", cet auteur, à qui l'on doit quelques récits souvent grivois, était, outre son goût très marqué par la fantaisie, les anagrammes et les rébus, un fin latiniste. Il publia notamment un Dictionnaire des rimes françaises *(1587) et une* Etude historique (en latin) sur le duché de Bourgogne *(1587). Selon Bayle, Tabourot "avait beaucoup d'érudition, mais il donna trop dans la bagatelle". Il acquit malgré tout une belle notoriété avec ses* Bigarrures *(1583-1585), ses* Touches *(1585-1588), ses* Escraignes dijonnaises *et ses* Apophtegmes du sieur Goulard, gentilhomme de la Franche-Comté bourguignotte *(1585).*

LA GADROUILLETTE,

Ores, j'ay choisi pour maistresse
Une belle demy déesse,
Petite nymphette des champs ;
Je crois que c'est la plus gentille,
Gracieuse et honneste fille,
Que j'ay point veu depuis dix ans.

Heureuse donc soit la fortune
Qui m'a esté tant opportune,
De m'adresser en si beau lieu,
Heureuse la première place
Qui me fit voir sa bonne grâce
Et sa beauté digne d'un dieu !

J'ayme bien mieux aymer icelle
Que quelque brave demoiselle,
Laquelle pourra, pour son mieux,
Choisir quelque autre plus habile ;
De moy, je ne veux qu'une fille
Qui soit agréable à mes yeux.

J'ayme mieux la voir à la feste,
Quand elle porte sur sa teste
Voletant son beau couvre-chef,
Que de voir une autre coiffure,
Toute de soye et de dorure,
Mise dessus un autre chef.

J'ayme mieux voir sa chevelure
Pleine du tout, sans crespelure,
Flottant en ondes librement,
Qu'une perruque saffranée,
D'un fil d'archal recordonnée,
Comme on fait curieusement.

J'ayme mieux voir sa collerette,
D'une toile rousse clairette,
Par laquelle on voit son tetin,
Et dans laquelle elle repousse
Une petite baleine douce,
Qui colore son teinct divin ;

Qu'une gorgère godronnée
Avecque l'empois arrestée
Sur l'escarrure, d'un tel soing
Qui montre bien que la personne
Qui tel accoustrement se donne
Pour s'embellir en a besoing.

J'ayme mieux voir sa belle taille,
Sous sa blaude qui luy baille
Cent fois mieux façonné son corps,
Qu'une robe si resserrée,
Qui, par sa contrainte forcée,
Fait jecter l'espaule dehors.

J'ayme mieux voir sa brune face,
Qui, se lavant, point ne s'efface,
Et va tousjours demy riant,
Qu'un peint visage de poupine
Qui, d'une desdaigneuse mine,
Ne rit jamais qu'en rechignant.

J'ayme mieux ouyr sa voix bonne
Qui naturellement entonne
Un vaut-de-ville gracieux,
Que ces passions langoureuses,
Aussi feintes comme menteuses,
Que l'on tire d'un gousier creux...

J'ayme mieux voir la simple manche
De sa chemise nette et blanche
Qui laisse en liberté son bras,
Que ces gros manchons de baleine
Dedans lesquels le bras, en peine,
Son libre mouvement n'a pas.

J'aime mieux voir sa chancelière,
Ses cousteaux, sa jaune tartrière,
L'or clinquant de son demy-ceinct,
Son ruban, le pris de sa feste,
Son devantier blanc, et au reste
Sa pièce d'un chef de satin,

Qu'un ceincturon d'or, lequel entre,
Peu s'en faut, jusqu'au bout du ventre,
Qu'une tablette ou un miroir,
Qu'une bourse plus souvent pleine
De friandises que de laine,
Ou qu'un brimbaleux esventoir.

Aussi toutes les belles filles
N'habitent pas dedans les villes,
La vertu, ny l'honnesteté :
Sous un simple habit de village,
L'on peut voir une fille sage
Qui n'a pas faute de beauté.

Congnoissant telle ma Jacquette,
Ma mignonne, ma Gadrouillette,
Je luy veux addresser mon cœur ;
Il ne pourroit pas prendre adresse
Vers une plus gente maistresse
Pour me rendre son serviteur.

Dijon (*Côte-d'Or*)

Henri Vincenot

(Dijon 1912 - *id.* 1985)

Le romancier et conteur Henri Vincenot représente, pour le grand public de nos contemporains immédiats, le porte-flambeau de la littérature bourguignonne. Il a su, dans un langage simple et coloré, entraîner ses lecteurs dans une province dont il incarne toute la sève issue du creuset des mœurs, des traditions, des parlers dialectaux et patoisants. Avec saveur et truculence, il a mis son génie au service de la restitution de l'âme et des racines profondes d'une Bourgogne dont il est devenu le chantre.

Cheminot, après être sorti d'une grande école de commerce, il entre en écriture comme journaliste à La Vie du rail. *On lui doit notamment, comme ouvrages majeurs,* La Pie saoule *(1956),* Les Chevaliers du chaudron *(1958),* Mémoires d'un enfant du rail *(1980),* Le Pape des escargots *(1972), mais aussi une* Vie quotidienne des paysans bourguignons au temps de Lamartine *(1976). Mais son chef-d'œuvre semble avoir été* La Billebaude *(1978).*

"Le ban des vendanges avait été publié très tôt cette année-là.
A Saint-Romain, au pied des falaises qui réverbéraient la chaleur du jour, le branle-bas était déjà commencé. On avait sorti toutes les futailles devant les celliers, dans les ruelles, à l'ombre bleue des murets de pierre sèche. On entendait résonner les maillets depuis les rues basses jusqu'en haut des murgers où les vipères, inquiètes, remontaient prudemment vers le pied des roches.
Tout le jour, on avait vu les hommes aller chercher l'eau glacée de la douix pour abreuver quarteaux et feuillettes, cuves et sapines, ballonges et cuveaux. Le long des murs dorés, un fort parfum de fruit sec et de tanin montait, percé, comme par une lance, par le cri des derniers martinets."

Extrait de : *Le Pape des escargots*, page 11 de la collection Folio, Denoël, 1972.

Epiry (Nièvre)

Bussy-Rabutin

(Epiry 1618 - Autun 1693)

Le comte Roger de Bussy-Rabutin était le cousin germain de Mme de Sévigné. Auteur réputé pour sa verve caustique, cet écrivain, qui fut général, préféra la littérature à sa carrière militaire qu'il ruina en raison de ses actes blasphématoires, de son sens immodéré de la moquerie à l'égard des grands noms de son temps, mais aussi de son goût marqué pour le libertinage. Roger de Rabutin, comte de Bussy, fut même arrêté et conduit à la Bastille.

On lui doit notamment L'Histoire amoureuse des Gaules *(Liège 1665), des* Mémoires, *qui parurent de façon posthume en 1696 et plus amplement en 1856 et, de la même manière, une très abondante correspondance qui fut éditée après sa mort. L'ironie légère, le génie des anecdotes piquantes et le style très imagé de cet homme de qualité font de lui un écrivain très remarquable dont la* Correspondance, *publiée une première fois en 1697, puis complétée en 1858, demeure une œuvre aussi admirable que mal connue.*

LES JOURNAUX AU DIX-SEPTIÈME SIÈCLE

"Au mois de janvier seize cent soixante-cinq, commença l'établissement du *Journal des savants...* Trévoux avoit déjà un journal sous la protection de M. le duc de Maine, prince de Dombes, qui ne donnoit pas un petit lustre à cette ville. L'Angleterre, l'Italie, l'Allemagne, la Suisse, la Hollande avoient les leurs sous différents noms, mais non pas également estimés. Le nombre commençoit même à en devenir à charge aux lecteurs, fatigués de retrouver dans l'un la dissection d'un ouvrage dont ils avoient vu l'extrait dans l'autre. Personne n'a porté plus loin la gloire des journaux de Hollande que Bayle, qui donna des nouvelles de la République des Lettres, depuis le mois de mars 1684, jusqu'en février 1687, et il se garda bien de tomber dans le défaut qu'il remarquait alors au journaliste de Paris, de ne dire jamais rien de son cru, et de ne porter aucun jugement sur les livres, ce qui certainement est un grand défaut ; car le journal est proprement l'histoire du Parnasse, et le journaliste, celui de tous les historiens dont la juridiction est la plus étendue. Il exerce, dans la République des Lettres, une espèce de dictature qui rend tous les auteurs ses justiciables. Il n'est point d'ouvrage qui ne soit de son ressort. Il en est par office le censeur, le contrôleur général. Aussi le public, qui se décharge sur lui du soin d'examiner ce qu'il faut penser de la matière et de la forme d'un livre, exige-t-il des décisions précises, et un jugement positif qui puisse déterminer le sien. Il ne veut ni une gazette, ni une satyre ; une simple analyse ne l'instruit pas assez ; une critique outrée le blesse ; un éloge excessif lui impose. La paresse ou l'ignorance produit des extraits secs et décharnés ; l'on ne peut parler qu'en gros et en général d'un livre, lorsqu'en quelque sorte dépaysé par la matière qu'il traite on sent qu'à chaque pas on peut s'égarer, ou que, content de jeter les yeux sur le titre des chapitres et d'en parcourir quelques pages à la hâte, l'on s'est épargné le dégoût d'une lecture attentive et d'un examen sérieux. La malignité enfaute la satyre ; on décrie des ouvrages dont on croit avoir intérêt de décrier les auteurs ; la flatterie dicte la plupart des éloges ; les écrivains sont délicats, et l'on craint les représailles ; on a des amis parmi eux, ou l'on veut s'en faire ; on loue pour être loué. De là, dans un grand nombre de journaux, ces inutilités qu'on n'y cherche pas, ce fiel qui révolte, cet encens qui dégoûte ; de là, en un mot, tant d'extraits vides où l'on n'apprend rien ; tant de critiques amères et outrées ; tant de panégyriques faits au profit du libraire et aux dépens du public. En bonne justice et en conscience, un journaliste est obligé à réparation d'honneur s'il fait tomber un bon livre, à restitution s'il en fait acheter un mauvais."

Epoisses (Côte-d'Or)

∴ Mme de Sévigné ∴

(Paris 1626 - Grignan 1696)

Marie de Rabutin-Chantal, marquise de Sévigné, a été nommée, et à très juste titre, "demoiselle de Bourgogne", en 1959, par Madeleine Hérard. Bien que née à Paris, la célèbre femme de lettres peut être considérée comme bourguignonne, tant par ses origines familiales que par l'importance qu'occupait dans son cœur cette province dans laquelle elle séjourna à différentes reprises. On sait qu'elle fut souvent reçue au château d'Epoisses par les Guitaut, qu'elle séjourna dans son château de Bourbilly comme dans celui de son cousin Bussy. Dijonnaise par sa grand-mère paternelle, Mme de Sévigné voyagea beaucoup en Bourgogne et plus particulièrement en Côte-d'Or, dans la Nièvre et dans l'Yonne. Elle n'appartient pas à la famille des écrivains régionalistes, mais, très souvent, dans sa correspondance, elle décrit par touches discrètes le charme de la terre de ses aïeux.

En 1644, elle épousa Henri de Sévigné, qui ne la rendit pas heureuse et se fit tuer lors d'un duel en 1651. D'une beauté reconnue de tous, avec ses boucles blondes, ses yeux d'un bleu lumineux et sa peau laiteuse, Mme de Sévigné, dont l'intelligence pétillante et l'agilité d'esprit fascinèrent les plus grands noms de son temps, fit œuvre d'épistolière.

*Ses lettres les plus célèbres sont celles qu'elle adressa à sa fille, M*me *de Grignan, mais aussi à Bussy-Rabutin, à M*me *de La Fayette et à bien d'autres de ses amis qui, comme elle, fréquentaient la Cour et les salons. La première édition de la* Correspondance complète *de M*me *de Sévigné est celle de Monmerqué (1817-1819). Sur son style, on doit à l'impitoyable Sainte-Beuve ces lignes laudatives : "Elle laisse trotter sa plume la bride sur le cou, et, chemin faisant, elle sème à profusion couleurs, comparaisons, images, et l'esprit et les sentiments lui échappent de tous côtés. Elle s'est placée ainsi, sans le vouloir ni s'en douter, au premier rang des écrivains de notre langue."*

LES REGRETS DE L'ABSENCE

Lettre à Mme de Grignan

Si vous étiez ici, ma chère enfant, vous vous moqueriez de moi ; j'écris de provision, mais c'est par une raison bien différente de celle que je vous donnois un jour, pour m'excuser d'avoir écrit à quelqu'un une lettre qui ne devoit partir que dans deux jours : c'étoit parce que je ne me souciois guère de lui, et que dans deux jours je n'aurois pas autre chose à lui dire. Voici tout le contraire : c'est que je me soucie beaucoup de vous, que j'aime à vous entretenir à toute heure, et que c'est la seule consolation que je puisse avoir présentement. Je suis aujourd'hui toute seule dans ma chambre, par l'excès de ma mauvaise humeur. Je suis lasse de tout ; je me suis fait un plaisir de dîner ici, et je m'en fais un de vous écrire hors de propos, mais hélas vous n'avez pas de ces sortes de loisir. J'écris tranquillement, et je ne comprends pas que vous puissiez lire de même ; je ne vois pas un moment où vous soyez à vous ; je vois un mari qui vous adore, qui ne peut se lasser d'être auprès de vous et qui peut à peine comprendre son bonheur. Je vois des harangues, des infinités de compliments, de civilités, de visites ; on vous fait des honneurs extrêmes, il faut répondre à tout cela, vous êtes accablée. Que fait votre paresse pendant tout ce fracas ? Elle souffre, elle se retire dans quelque petit cabinet, elle meurt de peur de ne plus retrouver sa place ; elle vous attend dans quelque moment perdu pour vous faire au moins souvenir d'elle, et vous dire un mot en passant. "Hélas ! dit-elle, m'avez-vous oubliée ? Songez que je suis votre plus ancienne amie, celle qui ne vous a jamais abandonnée, la fidèle compagne de vos plus beaux jours ; que c'est moi qui vous consolois de tous les plaisirs, et qui même quelquefois vous les faisois haïr ; qui vous ai empêchée de mourir d'ennui et en Bretagne et dans votre grossesse : quelquefois votre mère troubloit nos plaisirs, mais je savois bien où vous reprendre ; présentement je ne sais plus où j'en suis, les honneurs et les représentations me feront périr, si vous n'avez soin de moi." Il me semble que vous lui dites en passant un petit mot d'amitié, vous lui donnez quelque espérance de vous posséder à Grignan, mais vous passez vite et vous n'avez pas le loisir d'en dire davantage. Le devoir et la raison sont autour de vous, et ne vous donnent pas un moment de repos ; moi-même, qui les ai toujours tant honorés, je leur suis contraire, et ils me le sont ; le moyen qu'ils vous laissent lire de telles lanterneries ? Je vous assure, ma chère enfant, que je songe à vous continuellement, et je sens tous les jours ce que vous me dites une fois, qu'il ne falloit point appuyer sur certaines pensées ; si l'on ne glissoit pas dessus, on seroit toujours en larmes, c'est-à-dire moi. Il n'y a lieu dans cette maison qui ne me blesse le cœur ; toute votre chambre me tue : j'y ai fait mettre un paravent tout au milieu, pour rompre un peu la vue ; une fenêtre de ce degré par où je vous vis monter dans le carrosse de d'Hacqueville, et par où je vous rappelai, me fait peur à moi-même, quand je pense combien alors j'étois capable de me jeter par la fenêtre, car je suis folle quelquefois ; ce cabinet où je vous embrassai, sans savoir ce que je faisois ; ces Capucins, où j'allai entendre la messe ; ces larmes qui tomboient de mes yeux à terre, comme si c'eût été de l'eau qu'on eût répandue ; Sainte-Marie, Mme de Lafayette, mon retour dans cette maison, votre appartement, la nuit, le lendemain, et votre première lettre, et toutes les autres, et encore tous les jours, et tous les entretiens de ceux qui entrent dans mes sentiments : ce pauvre d'Hacqueville est le premier ; je n'oublierai jamais la pitié qu'il eut de moi. Voilà donc où j'en reviens, il faut glisser sur tout cela, et bien garder de s'abandonner à ses pensées et aux mouvements de son cœur ; j'aime mieux m'occuper de la vie que vous faites maintenant, cela me fait une diversion, sans m'éloigner pourtant de mon sujet et de mon objet, qui est ce qui s'appelle poétiquement l'objet aimé. Je songe donc à vous et je souhaite toujours de vos lettres ; quand je viens d'en recevoir, j'en voudrois bien encore. J'en attends présentement, et je reprendrai ma lettre quand j'aurai reçu de vos nouvelles. J'abuse de vous, ma très chère ; j'ai voulu aujourd'hui me permettre cette lettre d'avance ; mon cœur en avoit besoin, je n'en ferai pas une coutume.

LA MORT DE LOUVOIS

Lettre à Coulanges

Grignan, le 26 juillet 1691

Je suis tellement éperdue de la nouvelle de la mort très subite de M. de Louvois que je ne sais trop par où commencer pour vous en parler. Le voilà donc mort, ce grand ministre, cet homme si considérable, qui tenoit une si grande place ; dont le *moi,* comme dit M. Nicole, étoit si étendu ; qui étoit le centre de tant de choses ! Que d'affaires, que de desseins, que de projets, que de secrets, que d'intérêts à démêler, que de guerres commencées, que d'intrigues, que de beaux coups d'échecs à faire et à conduire ! Ah ! mon Dieu, donnez-moi un peu de temps, je voudrois bien donner un échec au duc de Savoie, un mat au prince d'Orange. Non, non, vous n'aurez pas un seul, un seul moment. Faut-il raisonner sur cette étrange aventure ? non, en vérité, il y faut réfléchir dans son cabinet. Voilà le second ministre que vous voyez mourir, depuis que vous êtes à Rome ; rien n'est plus différent que leur mort, mais rien n'est plus égal que leur fortune, et les cent millions de chaînes qui les attachoient tous deux à la terre.

LES MADRIGAUX DE LOUIS XIV

Lettre à Pompone

Il faut que je vous conte une petite historiette, qui est très vraie, et qui vous divertira. Le Roi se mêle depuis peu de faire des vers ; MM. de Saint-Aignan et de Dangeau lui apprennent comme il faut s'y prendre. Il fit l'autre jour un petit madrigal, que lui-même ne trouva pas trop joli. Un matin il dit au maréchal de Grammont : "Monsieur le maréchal, lisez, je vous prie, ce petit madrigal, et voyez si vous en avez jamais vu un si impertinent ; parce qu'on sait que depuis peu j'aime les vers, on m'en apporte de toutes les façons." Le maréchal, après avoir lu, dit au Roi : "Sire, Votre Majesté juge divinement bien de toutes choses ; il est vrai que voilà le plus sot et le plus ridicule madrigal que j'aie jamais lu." Le Roi se mit à rire, et lui dit : "N'est-il pas vrai que celui qui l'a fait est un fat ? — Sire, il n'y a pas moyen de lui donner un autre nom. — Oh bien, dit le Roi, je suis ravi que vous m'en ayez parlé si bonnement ; c'est moi qui l'ai fait. — Ah ! Sire, quelle trahison ! que Votre Majesté me le rende, je l'ai lu brusquement. — Non, monsieur le maréchal, les premiers sentiments sont toujours les plus naturels." Le Roi a fort ri de cette folie ; et tout le monde trouve que voilà la plus cruelle petite chose que l'on puisse faire à un vieux courtisan. Pour moi, qui aime toujours à faire des réflexions, je voudrois que le Roi en fît là-dessus, et qu'il jugeât par là combien il est loin de connoître jamais la vérité.

LA PENSÉE DE LA MORT

Lettre à Mme de Grignan

Vous me demandez, ma chère enfant, si j'aime toujours bien la vie : je vous avoue que j'y trouve des chagrins cuisants ; mais je suis encore plus dégoûtée de la mort : je me trouve si malheureuse d'avoir à finir tout ceci par elle, que, si je pouvois retourner en arrière, je ne demanderois pas mieux. Je me trouve dans un engagement qui m'embarrasse : je suis embarquée dans la vie sans mon consentement ; il faut que j'en sorte, cela m'assomme ; et comment en sortirai-je ? par où ? par quelle porte ? quand sera-ce ? en quelle disposition ? souffrirai-je mille et mille douleurs, qui me feront mourir désespérée ? aurai-je un transport au cerveau ? mourrai-je d'un accident ? comment serai-je avec Dieu ? qu'aurai-je à lui présenter ? la crainte, la nécessité feront-elles mon retour vers lui ? n'aurai-je aucun autre sentiment que celui de la peur ? que puis-je espérer ? suis-je digne du paradis ? suis-je digne de l'enfer ? Quelle alternative ! quel embarras ! Rien n'est si fou que de mettre son salut dans l'incertitude ; mais rien n'est si naturel, et la sotte vie que je mène est la chose du monde la plus aisée à comprendre : je m'abîme dans ces pensées, et je trouve la mort si terrible, que je hais plus la vie parce qu'elle m'y mène, que par les épines dont elle est semée. Vous me direz que je veux donc vivre éternellement ; point du tout : mais si on m'avoit demandé mon avis, j'aurois bien aimé à mourir entre les bras de ma nourrice ; cela m'auroit ôté bien des ennuis, et m'auroit donné le ciel bien sûrement et bien aisément ; mais parlons d'autre chose.

LE FANEUR

Ce mot sur la semaine est par-dessus le marché de vous écrire seulement tous les quinze jours, et pour vous donner avis, mon cher cousin, que vous aurez bientôt l'honneur de voir Picard ; et, comme il est frère du laquais de Mme de Coulanges, je suis bien aise de vous rendre compte de mon procédé. Vous savez que madame la duchesse de Chaulnes est à Vitré ; elle y attend le duc son mari, dans dix ou douze jours, avec les états de Bretagne. Vous croyez que j'extravague, elle attend son mari avec tous les états, et en attendant elle est à Vitré toute seule, mourant d'ennui. Vous ne comprenez pas que cela puisse jamais revenir à Picard : elle meurt donc d'ennui ; je suis sa seule consolation ; et vous croyez bien que je l'emporte d'une grande hauteur sur Mlle de Kerbone et de Kerquoison. Voici un grand circuit ; mais pourtant nous arriverons au but. Comme je suis donc sa seule consolation, après l'avoir été voir, elle viendra ici, et je veux qu'elle trouve mon parterre net, et mes allées nettes, ces grandes allées que vous aimez. Vous ne comprenez pas encore où cela peut aller : voici une autre petite proposition incidente. Vous savez qu'on fait les foins ; je n'avois pas d'ouvriers. J'envoie dans cette prairie, que les poètes ont célébrée, prendre tous ceux qui travailloient, pour venir nettoyer ici. Vous n'y voyez encore goutte. Et en leur place j'envoie tous mes gens faner. Savez-vous ce que c'est que faner ? il faut que je vous l'explique : faner est la plus jolie chose du monde ; c'est retourner du foin en batifolant dans une prairie. Dès qu'on en sait tant, on sait faner. Tous mes gens y allèrent gaiement. Le seul Picard me vint dire qu'il n'iroit pas, qu'il n'étoit pas entré à mon service pour cela ; que ce n'étoit pas son métier, et qu'il aimoit mieux s'en aller à Paris. Ma foi, la colère me monte à la tête. Je songeai que c'étoit la centième sottise qu'il m'avoit faite ; qu'il n'avoit ni cœur ni affection ; en un mot, la mesure était comble. Je l'ai pris au mot ; et, quoi qu'on m'ait pu dire pour lui, je suis demeurée ferme comme un rocher, et il est parti. C'est une justice de traiter les gens selon leurs bons ou mauvais services. Si vous le revoyez, ne le recevez point, ne le protégez point, ne me blâmez point ; et songez que c'est le garçon du monde qui aime le moins à faner, et qui est le plus indigne qu'on le traite bien.

Voilà l'histoire en peu de mots. Pour moi, j'aime les narrations où l'on ne dit que ce qui est nécessaire, où l'on ne s'écarte point ni à droite, ni à gauche, où l'on ne reprend point les choses de si loin ; enfin, je crois que c'est ici, sans vanité, le modèle des narrations agréables.

Gevrey-Chambertin
(Côte-d'Or)

∴ Gaston Roupnel ∴

(Laissey, Doubs, 1871 - Gevrey-Chambertin 1946)

Romancier et historien, Gaston Roupnel, très attaché à la Bourgogne, a chanté cette province avec une verve rare, notamment dans ses romans, Nono *(1910) et* Le Vieux Garain *(1914). Il a soutenu sa thèse sur* La Ville et la Campagne au XVIIe siècle, étude sur les populations du pays dijonnais.

Ce brillant travail de recherche et d'érudition ne fut édité qu'en 1922, mais lui permit d'obtenir, en 1916, la chaire d'histoire bourguignonne à la Faculté de lettres de Dijon. Il publia d'autres ouvrages parmi lesquels Siloé *(1927),* L'Histoire de la campagne française *(1932),* Histoire et destin *(1943),* La Nouvelle Siloé *(1945).*

La Guiche
(Saône-et-Loire)

∴ Raoul **Bécousse** ∴

(Saint-Jean-des-Vignes 1920)

L'itinéraire poétique de Raoul Bécousse est d'une incommensurable richesse. Auteur d'une trentaine de recueils et de nombre de traductions de l'allemand vers le français, ce poète de l'image hardie, de la métaphore la plus inattendue, d'une sensibilité moderne héritée des plus grands, appartient à la mouvance de ces voix qui s'élevèrent au sortir d'une guerre à laquelle il participa.

En effet, il se distingua, notamment en franchissant fréquemment la ligne de démarcation pour passer du courrier en fraude. Envoyé de force au S.T.O. (Service de travail obligatoire) en Autriche, il publiera son premier recueil, Septembre m'a comblé, *en 1947.*

Poète n'étant pas un métier pour vivre, mais une vocation à vivre, il deviendra professeur de Lettres classiques.

Raoul Bécousse, qui habite La Guiche (Saône-et-Loire), n'a jamais cessé d'écrire. D'un indéniable talent et d'une verve généreuse, ce poète aux multiples distinctions appartient au creuset de ces créateurs lucides et de ces artistes habités par la rigueur dont peut s'enorgueillir la Bourgogne.

L'HEURE DE LAZARE

Ta main tendue dans le brouillard
et la porte qui claque
Lazare à la petite semaine
où ramasseras-tu les miettes
d'un festin auquel tu n'es pas invité ?

Abraham et l'enfer ne suffisent plus
à briser l'égoïsme des pierres.

Ils sont satisfaits. Leurs caddies
débordent de victuailles
(leur dieu, c'est leur ventre) —
Alors pourquoi lèveraient-ils les yeux
sur celui qui mendie au bord du trottoir ?

Mais leur carte bancaire
n'est pas une assurance
sur l'éternité.

Sous l'escalier, Lazare attend son heure.

(Inédit, 1996)

REPORTAGE

L'échelle de Jacob est vermoulue.
Dieu remonte au ciel en hélicoptère :
à son âge ce n'est pas
une mince affaire.

Deux compagnies de chéroubim
déploient leur zèle
pour surveiller la cime
des peupliers d'alentour.

Impossible ainsi que les sbires
de Buelzéboul
préparent dans les buissons
un coup fourré.

Le seigneur des armées
traverse lentement les plus hautes nuées
aux éclats du cor
et de la trompette.

Max Jacob est aux anges :
caché dans un coin du décor
il prend une photo de cette scène étrange
pour le journal de Quimper.

(Inédit, 1995)

LETTRE À UN POÈTE CONVALESCENT

à G. C.

Ici, les matins son faits
de bouts de ficelle
qui traînent dans l'herbe.

Les écoliers ne dansent plus
sous les tilleuls de la cour ;
mais ils attendent toujours
le passage de l'oiseau-lyre.

Il y a là-bas sous la lune
un étang qui prend le soir
la couleur blême de ton visage,
quand les hameaux s'acagnardent
pour écouter les légendes
que siffle le vent du nord.

Là-bas, l'enfance a gardé le goût des prunelles
et de l'éternité.

Alors, sur le boulier des jours,
compte les humbles joies
que chaque matin noue pour toi
comme des bouts de ficelle.

(Inédit, 1995)

CHASSE À COURRE

Les uns se sont perdus dans les sous-bois du rêve,
Les autres sont devenus jockeys
à force d'abstinence.
Mais leur cheval, harassé
d'avoir porté sur son dos
La fausse gloire des turfistes,
renâcle maintenant devant l'obstacle.

Sonnez, fanfares !
Il n'y a plus que du coton
dans vos trompes de chasse.
La meute des chiens aboyeurs
laisse enfin courir le gibier
à sa guise.

(Inédit, 1996)

Mâcon *(Saône-et-Loire)*

Henri Guillemin

(Mâcon 1903)

Cet essayiste et historien se réalisa dans la démystification et parfois même dans la provocation quand il tenta de démontrer, par exemple, dans Monsieur de Vigny, homme d'ordre et poète *(1955), que l'auteur de* La Mort du loup *fut un agent de renseignements qui œuvrait pour le compte de la police de Napoléon III. Ses partis pris, pour agaçants qu'ils soient parfois, ne manquent pas d'intérêt, car derrière se profile toujours le talent féroce du polémiste.*

Par ailleurs, Henri Guillemin fit une carrière universitaire et occupa un poste de conseiller culturel à l'ambassade de France de Berne. On lui doit notamment Le Coup d'Etat du 2 décembre *(1951),* A vrai dire *(1951),* Eclaircissements *(1961),* Pas à pas *(1969),* Précisions *(1973),* L'Affaire Jésus *(1982).*

Mâcon (Saône-et-Loire)

Alphonse de Lamartine

(Mâcon 1790 - Paris 1869)

D'une façon paradoxale et assurément injuste, on peut affirmer qu'aujourd'hui le poète romantique Alphonse de Lamartine est infiniment moins connu que le plus obscur des présentateurs de la télévision. Pourtant, il faut savoir que ce monstre sacré enchanta, par son lyrisme mis au service de l'amour noble et authentique, du respect de la foi religieuse et de la destinée humaine, plusieurs générations.

Son chant échappe aux courants de sensibilité de notre époque ; toutefois il convient d'admettre que cet immense poète, qui puisa ses premiers thèmes d'inspiration dans la campagne de Milly et dans celle de Saint-Point, est porteur d'une œuvre considérable dont la versification ne fut pas le souci primordial.

On lui doit notamment ses très célèbres Méditations poétiques *(1820), mais aussi* Harmonies poétiques et religieuses *(1830),* Jocelyn *(1836),* La Chute d'un ange *(1838). Parmi ses ouvrages en prose, il convient également de citer* Graziella *(1852),* Histoire des Girondins *(1847). En 1848, au lieu de s'en tenir à la littérature, il eut l'imprudence de s'aventurer sur les sentiers de la politique, au point de devenir membre du gouvernement provisoire. En 1829, il était élu à l'Académie Française.*

LE CONVOI DU CURÉ DE CAMPAGNE
(Début de *Jocelyn*)

J'étais le seul ami qu'il eût sur cette terre,
Hors son pauvre troupeau. Je vins au presbytère,
Comme j'avais coutume, à la Saint-Jean d'été,
A pied, par le sentier du chamois fréquenté,
Mon fusil sous le bras, et mes deux chiens en laisse,
Montant, courbé, ces monts que chaque pas abaisse...

Quand je fus au sommet d'où le libre horizon
Laissait apercevoir le toit de sa maison,
Je posai mon fusil sur une pierre grise,
Et j'essuyai mon front que vint sécher la brise ;
Puis regardant, je fus surpris de ne pas voir
D'arbre en arbre au verger errer son habit noir.
Car c'était l'heure sainte où, libre et solitaire,
Aux rayons du couchant il lisait son bréviaire ;
Et plus surpris encor de ne pas voir monter,
Du toit où si souvent je la voyais flotter,
De son foyer du soir l'ordinaire fumée.
Mais voyant au soleil sa fenêtre fermée,
Une tristesse vague, une ombre de malheur,
Comme un frisson sur l'eau courut sur tout mon cœur ;
Et, sans donner de cause à ma terreur subite,

Je repris mon chemin, et je marchai plus vite.
Mon œil cherchait quelqu'un qu'il pût interroger ;
Mais dans les champs déserts, ni troupeau ni berger.
Le mulet broutait seul l'herbe rare et poudreuse
Sur les bords de la route ; et dans le sol qu'il creuse
Le soc penché dormait à moitié du sillon.
On n'entendait au loin que le cri du grillon,
Au lieu du bruit vivant, des voix entremêlées
Qui montent, tous les soirs, du fond de ces vallées.
J'arrive, et frappe en vain ; le gardien du foyer,
Son chien même, à mes coups ne vient pas aboyer ;
Je presse le loquet d'un doigt lourd et rapide,
Et j'entre dans la cour, aussi muette et vide.
Vide ? hélas ! mon Dieu, non ; au pied de l'escalier
Qui conduisait de l'aire au rustique palier,
Comme un pauvre accroupi sur le seuil d'une église,
Une figure noire était dans l'ombre assise,
Immobile, le front sur ses genoux couché,
Et dans son tablier le visage caché.
Elle ne proférait ni plainte ni murmure ;
Seulement, du drap noir qui couvrait sa figure
Un mouvement léger, convulsif, continu,
Trahissait le sanglot dans son sein retenu.
Je devinai la mort à ce muet emblème :
La servante pleurait le vieux maître qu'elle aime.
"Marthe ! dis-je, est-il vrai ?..." Se levant à ma voix,
Et s'essuyant les yeux du revers de ses doigts :
"Trop vrai ! Montez, Monsieur ; on peut le voir encor :
On ne doit l'enterrer que demain, à l'aurore.
Sa pauvre âme du moins s'en ira plus en paix,
Si vous l'accompagnez de vos derniers souhaits.
Il a parlé de vous jusqu'à sa dernière heure :
"Marthe, me disait-il, si Dieu veut que je meure,

"Dis-lui que son ami lui laisse tout son bien,
"Pour avoir soin de toi, des oiseaux et du chien."
Son bien ! n'en point garder était toute sa gloire ;
Il ne remplirait pas le rayon d'une armoire.
Le peu qui lui restait a passé, sou par sou,
En linge, en aliments, ici, là, Dieu sait où.
Tout le temps qu'a duré la grande maladie,
Il leur a tout donné, Monsieur, jusqu'à sa vie ;
Car c'est en confessant, jour et nuit, tel et tel
Qu'il a gagné la mort." — "Oui, lui dis-je, et le ciel !"
Et je montai. La chambre était déserte et sombre ;
Deux cierges seulement en éclaircissaient l'ombre.
Son visage était calme et doux à regarder ;
Ses traits pacifiés semblaient encor garder
La douce impression d'extases commencées ;
Il avait vu le ciel déjà dans ses pensées,
Et le bonheur de l'âme en prenant son essor,
Dans son divin sourire était visible encor.
Un drap blanc recouvert de sa soutane noire
Parait son lit de mort ; un crucifix d'ivoire
Reposait dans ses mains sur son sein endormi,
Comme un ami qui dort sur le cœur d'un ami,
Et, couché sur les pieds du maître qu'il regarde,
Son chien blanc, inquiet d'une si longue garde,
Grondait au moindre bruit, et, las de le veiller,
Ecoutait si son souffle allait se réveiller.
Près du chevet du lit, selon le sacré rite,
Un rameau de buis sec trempait dans l'eau bénite ;
Ma main avec respect le secoua trois fois,
En traçant sur le corps le signe de la croix...
Puis, avec l'assistant disant les saints cantiques,
Je m'assis pour pleurer près des chères reliques ;
Et priant, et chantant, et pleurant tour à tour,

Je consumai la nuit, et vis poindre le jour.
Près du seuil de l'église, au coin du cimetière,
Dans la terre des morts nous couchâmes la bière.
Chacun des villageois jeta sur le cercueil
Un peu de terre sainte, en signe de son deuil...
Quand ce fut à mon tour : "O saint ami ! lui dis-je,
Dors. Ce n'est pas mon cœur, c'est mon œil qui s'afflige.
En vain je vais fermer la couche où te voilà,
Je sais qu'en ce moment mon ami n'est plus là...
Il est où ses vertus ont allumé leur flamme ;
Il est où ses soupirs ont devancé son âme !"
Je dis ; et tout le soir, attristant ces déserts,
Sa cloche en gémissant le pleura dans les airs,
Et, mêlant à ses glas des aboiements funèbres,
Son chien, qui l'appelait, hurla dans les ténèbres."

ADIEUX AU COLLÈGE DE BELLEY

Asile vertueux qui formas mon enfance
A l'amour des humains, à la crainte des dieux,
Où je sauvai la fleur de ma tendre innocence
Reçois mes pleurs et mes adieux.

Trop tôt je t'abandonne, et ma barque légère,
Ne cédant qu'à regret aux volontés du sort,
Va se livrer aux flots d'une mer étrangère,
Sans gouvernail et loin du bord.

O vous dont les leçons, les soins et la tendresse
Guidaient mes faibles pas au sentier des vertus,
Aimables sectateurs d'une aimable sagesse,
Bientôt je ne vous verrai plus !

Non, vous ne pourrez plus condescendre et sourire
A ces plaisirs si purs, pleins d'innocents appas ;
Sous le poids des chagrins si mon âme soupire,
Vous ne la consolerez pas !

En butte aux passions, au fort de la tourmente,
Si leur fougue un instant m'écartait de vos lois,
Puisse au fond de mon cœur votre image vivante
Me tenir lieu de votre voix !

Qu'elle allume en mon cœur un remords salutaire !
Qu'elle fasse couler les pleurs du repentir !
Et que des passions l'ivresse téméraire
Se calme à votre souvenir !

Et toi, douce amitié, viens, reçois mon hommage :
Tu m'as fait dans tes bras goûter de vrais plaisirs ;
Ce dieu tendre et cruel qui m'attend au passage
Ne fait naître que des soupirs.

Ah ! trop volage enfant, ne blesse point mon âme
De ces traits dangereux puisés dans ton carquois !
Je veux que le devoir puisse approuver ma flamme ;
Je ne veux aimer qu'une fois.

Ainsi dans la vertu ma jeunesse formée
Y trouvera toujours un appui tout nouveau,
Sur l'océan du monde une route assurée,
Et son espérance au tombeau.

A son dernier soupir, mon âme défaillante
Bénira des mortels qui firent mon bonheur :
On entendra redire à ma bouche mourante
Leurs noms si chéris de mon cœur !

Montbard (Côte-d'Or)

∴ Buffon ∴

(Montbard 1707 - Paris 1788)

L'écrivain et naturaliste Georges Louis Leclerc, comte de Buffon, est né au château de Montbard. Il fut, à côté de Montesquieu, de Voltaire, de Rousseau et de Diderot, l'un des plus grands auteurs du XVIIIe siècle. A la suite d'un voyage en Italie, il se fit connaître par différents travaux purement scientifiques qu'il publia, ce qui lui valut d'être appelé à l'Académie des sciences (1733). Nommé intendant du Jardin du roi (Jardin des Plantes), il édite, un an plus tard, une traduction de Newton, précédée d'un essai sur le calcul infinitésimal. Sa vocation d'historien de la nature s'affirma, aussi se consacra-t-il à une œuvre immense, son Histoire naturelle *en 36 volumes, dont la publication régulière s'étala de 1749 jusqu'à sa mort.* *"Buffon,* dit Condorcet, *est poète dans ses descriptions ; mais, comme les grands poètes, il sait rendre intéressante la peinture des objets physiques, en y mêlant avec art des idées morales qui intéressent l'âme, en même temps que l'imagination est amusée ou étonnée. Son style est harmonieux, non de cette harmonie qui appartient à tous les écrivains corrects à qui le sens de l'oreille n'a pas été refusé, et qui consiste presque uniquement à éviter les sons durs ou pénibles, mais de cette harmonie qui est une partie du talent, ajoute aux beautés par une sorte d'analogie entre les idées et les sons, et fait que la phrase est douce et sonore, majestueuse ou légère, suivant les objets qu'elle doit peindre et les sentiments qu'elle doit réveiller."*

*L'*Histoire naturelle *de Buffon est un authentique monument de notre langue qui valut à son auteur d'être élu à l'Académie Française. Les textes qui suivent sont de très remarquables discours sur le style et l'art d'écrire.*

DE L'ART D'ÉCRIRE

"Pour bien écrire, il faut que la chaleur du cœur se réunisse à la lumière de l'esprit. L'âme, recevant à la fois ces deux impressions, ne peut manquer de se mouvoir avec plaisir vers l'objet présenté ; elle l'atteint, le saisit, l'embrasse, et ce n'est qu'après en avoir pleinement joui qu'elle est en état d'en faire jouir les autres par l'expression de ses pensées. La main lui obéira pour les tracer, et tout lecteur attentif partagera les jouissances spirituelles de l'écrivain ; si les objets sont simples, il n'a besoin que de l'art de peindre ; mais s'ils sont compliqués, il lui faut de plus l'art de combiner, c'est-à-dire l'art de penser par ordre, de réfléchir avec patience, de comparer avec justesse, en réunissant les idées éparses pour en former une chaîne continue qui présente successivement à l'esprit toutes les faces de l'objet.

Selon les différents sujets, la manière d'écrire doit donc être très différente ; et, pour ceux mêmes qui paraissent les plus simples, le style, en conservant le caractère de simplicité, ne doit cependant pas être le même. Un grand écrivain ne doit point avoir de cachet ; l'impression du même sceau sur des productions diverses décèle le manque de génie ; mais ce qui annonce encore plus cette pauvreté du génie, c'est cet emprunt d'esprit étranger au sujet, qui seul doit le fournir. Mettre de l'esprit partout, c'est la manie de nos jeunes auteurs ; ils ne voient pas que cet esprit, à moins qu'il ne soit tiré du fond du sujet, ne peut qu'en gâter la représentation ; que semer mal à propos des fleurs, c'est planter des épines. Avec plus de génie, ils trouveraient dans le sujet même tout l'esprit qu'ils doivent employer. S'ils eussent formé leur goût sur de bons modèles, ils rejetteraient non seulement cet esprit étranger à la chose, mais ils n'auraient pas même l'idée de le rechercher. Ce même goût les porterait à éviter toute expression obscure, toute sentence déplacée, dans des sujets qu'il suffit de peindre pour les bien présenter. Le sujet n'est dans ce cas qu'un objet dont il faut tracer l'image par un dessin fidèle, des couleurs assorties.

Peindre ou décrire sont deux choses différentes : l'une ne suppose que des yeux, l'autre exige du génie. Quoique toutes deux tendent au même but, elles ne peuvent aller ensemble. La description présente successivement et froidement toutes les parties de l'objet ; plus elle est détaillée, moins elle fait d'effet. La peinture au contraire, ne saisissant d'abord que les traits les plus saillants, garde l'empreinte de l'objet et lui donne de la vie. Pour bien décrire, il suffit de voir froidement ; mais pour peindre, il faut l'emploi de tous les sens. Voir, entendre, palper, sentir, ce sont autant de caractères que l'écrivain doit sentir et rendre par des traits énergiques. Il doit joindre la finesse des couleurs à la vigueur du pinceau ; les nuancer, les condenser ou les fondre ; former enfin un ensemble vivant, dont la description ne peut présenter que des parties mortes et détachées.

Est-il possible, dira-t-on, de tracer un dessin avec des phrases et de présenter des couleurs avec des mots ? Oui, et même, si l'écrivain a du génie, du tact et du goût, son style, ses phrases et ses mots feront plus d'effet que le pinceau et les couleurs du peintre. Quelle est l'impression que reçoit un amateur lorsqu'il voit un beau tableau ? Il l'admire d'autant plus qu'il le contemple plus longtemps ; il en saisit toutes les beautés, tous les rayons, toutes les couleurs. L'écrivain qui veut peindre doit se mettre à la place de l'amateur, recueillir les mêmes impressions, les faire passer à son lecteur dans le même ordre que l'amateur les reçoit en examinant son tableau.

Tous les objets que nous présente la nature, et en particulier tous les êtres vivants, sont autant de sujets dont l'écrivain doit faire non seulement le portrait en repos, mais le tableau mouvant, dans lequel toutes les formes se développeront, tous les traits du portrait paraîtront animés, et présenteront ensemble tous les caractères extérieurs de l'objet.

A génie égal, l'écrivain a sur le peintre le grand avantage de disposer du temps et de faire succéder les scènes, tandis que le peintre ne peut présenter que l'action du moment ; il ne peut donc produire qu'un étonnement subit, une admiration instantanée, qui s'évanouit dès que l'objet disparaît. Le grand écrivain peut, non seulement produire ce premier effet d'admiration, mais encore échauffer, embraser son lecteur par la représentation de plusieurs actions qui toutes auront de la chaleur, et qui par leur union et leurs rayons se graveront dans sa mémoire et subsisteront indépendamment de l'objet.

On a comparé de tout temps la poésie à la peinture ; mais jamais on n'a pensé que la prose pouvait peindre mieux que la poésie. La mesure et la rime gênent la liberté du pinceau ; pour une syllabe de moins ou de trop, les mots faisant image sont à regret rejetés par le poète et avantageusement employés par l'écrivain en prose. Le style, qui n'est que l'ordre et le mouvement qu'on donne à ses pensées, est nécessairement contraint par une formule arbitraire, ou ininterrompu par des pauses qui en diminuent la rapidité et en altèrent l'uniformité."

ADRESSE

à Messieurs de l'Académie Française

"Que de grands objets, Messieurs, frappent ici mes yeux ! et quel style et quel ton faudrait-il employer pour les peindre et les représenter dignement ? l'élite des hommes est assemblée ; la Sagesse est à leur tête ; la Gloire, assise au milieu d'eux, répand ses rayons sur chacun, et les couvre tous d'un éclat toujours le même et toujours renaissant. Des traits d'une lumière plus vive encore partent de sa couronne immortelle, et vont se réunir sur le front auguste du plus puissant et du meilleur des rois[1]. Je le vois, ce héros, ce prince adorable, ce maître si cher. Quelle noblesse dans tous ses traits ! quelle majesté dans toute sa personne ! que d'âme et de douceur naturelle dans ses regards ! il les tourne vers vous, Messieurs, et vous brillez d'un nouveau feu, une ardeur plus vive vous embrase ; j'entends déjà vos divins accents et les accords de vos voix ; vous les réunissez pour célébrer ses vertus, pour chanter ses victoires, pour applaudir à notre bonheur ; vous les réunissez pour faire éclater votre zèle, exprimer votre amour, et transmettre à la postérité des sentiments dignes de ce grand prince et de ses descendants. Quels concerts, ils pénètrent mon cœur ; ils seront immortels comme le nom de LOUIS.

Dans le lointain, quelle autre scène de grands objets ! le Génie de la France, qui parle à Richelieu et lui dicte à la fois l'art d'éclairer les hommes et de faire régner les rois. La Justice et la Science qui conduisent Séguier et l'élèvent de concert à la première place de leurs tribunaux. La Victoire qui s'avance à grands pas et précède le char triomphal de nos rois, où Louis le Grand, assis sur des trophées, d'une main donne la paix aux nations vaincues, et de l'autre rassemble dans ce palais les Muses dispersées. Et près de moi, Messieurs, quel autre objet intéressant ! la Religion en pleurs, qui vient emprunter l'organe de l'Eloquence pour exprimer sa douleur, et semble m'accuser de sus-

1. Louis XV, le Bien-Aimé.

pendre trop longtemps vos regrets sur une perte que nous devons tous ressentir avec elle[1]."

Buffon est sans conteste l'un des plus grands écrivains que la Bourgogne ait donné à la France. Aussi, il apparaît important, dans le cadre de cet ouvrage, de citer un extrait de son Histoire naturelle *qui demeure un monument de la littérature du XVIIIe siècle.*

LA NATURE DE L'HOMME

"Voyez ces plages désertes, ces tristes contrées où l'homme n'a jamais résidé, couvertes, ou plutôt hérissées de bois épais et noirs dans toutes les parties élevées ; des arbres sans écorce et sans cime, courbés, rompus, tombant de vétusté ; d'autres, en plus grand nombre, gisant auprès des premiers, pour pourrir sur des monceaux déjà pourris, étouffent, ensevelissent les germes prêts à éclore. La nature, qui partout ailleurs brille par sa jeunesse, paraît ici dans sa décrépitude ; la terre, surchargée par le poids, surmontée par les débris de ces productions, n'offre, au lieu d'une verdure florissante, qu'un espace encombré, traversé de vieux arbres chargés de plantes parasites, de lichens, d'agarics, fruits impurs de la corruption : dans toutes les parties basses, des eaux mortes et croupissantes, faute d'être conduites et dirigées ; des terrains fangeux qui, n'étant ni solides ni liquides, sont inabordables, et demeurent également inutiles aux habitants de la terre et des eaux ; des marécages qui, couverts de plantes aquatiques et fétides,

1. Celle de M. Languet de Gergy, archevêque de Sens, auquel j'ai succédé à l'Académie Française.

ne nourrissent que des insectes venimeux, et servent de repaire aux animaux immondes. Entre ces marais infects qui occupent les lieux bas, et les forêts décrépites qui couvrent les terres élevées, s'étendent des espèces de landes, des savanes qui n'ont rien de commun avec nos prairies ; les mauvaises herbes y surmontent, y étouffent les bonnes ; ce n'est point ce gazon fin qui semble faire le duvet de la terre, ce n'est point cette pelouse émaillée qui annonce sa brillante fécondité ; ce sont des végétaux agrestes, des herbes dures, épineuses, entrelacées les unes dans les autres, qui semblent moins tenir à la terre qu'elles ne tiennent entre elles, et qui, se desséchant et repoussant successivement les unes sur les autres, forment une bourre grossière épaisse de plusieurs pieds. Nulle route, nulle communication, nul vestige d'intelligence dans ces lieux sauvages : l'homme, obligé de suivre les sentiers de la bête farouche, s'il veut les parcourir, est contraint de veiller sans cesse pour éviter d'en devenir la proie ; effrayé de leurs rugissements, saisi du silence même de ces profondes solitudes, il rebrousse chemin et dit : "La nature brute est hideuse et mourante ; c'est moi, moi seul qui peux la rendre agréable et vivante : desséchons ces marais, animons ces eaux mortes en les faisant couler, formons-en des ruisseaux, des canaux ; employons cet élément actif et dévorant qu'on nous avait caché et que nous ne devons qu'à nous-mêmes ; mettons le feu à cette bourre superflue, à ces vieilles forêts déjà à demi-consumées ; achevons de détruire avec le fer ce que le feu n'aura pu consumer : bientôt, au lieu du jonc, du nénuphar, dont le crapaud composait son venin, nous verrons paraître la renoncule, le trèfle, les herbes douces et salutaires ; des troupeaux d'animaux bondissants fouleront cette terre jadis impraticable ; ils y trouveront une subsistance abondante, une pâture toujours renaissante ; ils se multiplieront pour se multiplier encore : servons-nous de ces nouveaux aides pour achever notre ouvrage ; que le bœuf, soumis au joug, emploie ses forces et le poids de sa masse à sillonner la terre ; qu'elle rajeunisse par la culture : une nature nouvelle va sortir de nos mains."

Qu'elle est belle, cette nature cultivée ! que, par les soins de l'homme, elle est brillante et pompeusement parée ! il en fait lui-même le plus bel ornement ; il en est la production la plus noble ; en se multipliant, il en multiplie le germe le plus précieux ; elle-même aussi semble se multiplier avec lui ; il met au jour par son art tout ce qu'elle recelait dans son sein : que de trésors ignorés ! que de richesses nouvelles ! les fleurs, les fruits, les grains perfectionnés, multipliés à l'infini, les espèces utiles d'animaux transportées, propagées, augmentées sans nombre ; les espèces nuisibles détruites, confinées, reléguées ; l'or, et le fer, plus utile que l'or, tirés des entrailles de la terre ; les torrents contenus, les fleuves dirigés, resserrés, la mer même soumise, reconnue, traversée d'un hémisphère à l'autre ; la terre accessible partout, partout rendue aussi vivante que féconde ; dans les vallées de riantes prairies, dans les plaines de riches pâturages ou des moissons encore plus riches ; les collines chargées de vignes et de fruits, leurs sommets couronnés d'arbres utiles et de jeunes forêts ; les déserts devenus des cités habitées par un peuple immense, qui, circulant sans cesse, se répand de ces centres jusqu'aux extrémités ; des routes ouvertes et fréquentes, des communications établies partout comme autant de témoins de la force et de l'union de la société : mille autres monuments de puissance et de gloire démontrent assez que l'homme, maître du domaine de la terre, en a changé, renouvelé la surface entière, et que de tout temps il en partage l'empire avec la nature.

Cependant il ne règne que par droit de conquête : il jouit plutôt qu'il ne possède ; il ne conserve que par des soins toujours renouvelés ; s'ils cessent, tout languit, tout s'altère, tout change, tout rentre sous la main de la nature ; elle reprend ses droits, efface les ouvrages de l'homme, couvre de poussière et de mousse ses plus fastueux monuments, les détruit avec le temps, et ne lui laisse que le regret d'avoir perdu par sa faute ce que ses ancêtres avaient conquis par leurs travaux. Ces temps où l'homme perd son domaine, ces siècles de barbarie pendant lesquels tout périt, sont toujours préparés par la guerre, et arrivent avec la disette et la dépopulation. L'homme, qui ne peut que par le nombre, qui n'est fort que par sa réunion, qui n'est heureux que par la paix, a la fureur de s'armer pour son malheur, et de combattre pour sa ruine ; excité par l'insatiable avidité, aveuglé par l'ambition encore plus insatiable, il renonce aux sentiments d'humanité, tourne toutes ses forces contre lui-même, cherche à s'entre-détruire, se détruit en effet, et, après ces jours de sang et de carnage, lorsque la fumée de la gloire s'est dissipée, il voit d'un œil triste la terre dévastée, les arts ensevelis, les nations dispersées, les peuples affaiblis, son propre bonheur ruiné, et sa puissance réelle anéantie.

Grand Dieu, dont la seule présence soutient la nature et maintient l'harmonie des lois de l'univers ; vous qui, du trône immobile de l'empyrée, voyez rouler sous vos pieds toutes les sphères célestes sans choc et sans confusion ; qui, du sein du repos, reproduisez à chaque instant leurs mouvements immenses, et seul régissez dans une paix profonde ce nombre infini de cieux et de mondes, rendez, rendez enfin le calme à la terre agitée ! qu'elle soit dans le silence ! Qu'à votre voix la discorde et la guerre cessent de faire retentir leurs clameurs orgueilleuses ! Dieu de bonté, auteur de tous les êtres, vos regards paternels embrassent tous les objets de la création ; mais l'homme est votre être de choix, vous avez éclairé son âme d'un rayon de votre lumière immortelle ; comblez vos bienfaits en pénétrant son cœur d'un trait de votre amour ; ce sentiment divin, se répandant partout, réunira les nations ennemies ; l'homme ne craindra plus l'aspect de l'homme, le fer homicide n'armera plus sa main ; le feu dévorant de la guerre ne fera plus tarir la source des générations ; l'espèce humaine, maintenant affaiblie, mutilée, moissonnée dans sa fleur, germera de nouveau, et se multipliera sans nombre ; la nature, accablée sous le poids des fléaux, stérile, abandonnée, reprendra bientôt avec une nouvelle vie son ancienne fécondité : et nous, Dieu bienfaiteur, nous l'observerons sans cesse pour vous offrir à chaque instant un nouveau tribut de reconnaissance et d'admiration."

Montbard (Côte-d'Or)

Daubenton

(Montbard 1716 - Paris 1800)

Le célèbre naturaliste Louis Jean-Marie d'Aubenton, dit Daubenton, étudia la théologie avant de se consacrer à sa passion, l'histoire naturelle. Son illustre compatriote Buffon le fait nommer, en 1742, démonstrateur d'anatomie au Jardin du roi. En 1778, après avoir travaillé à l'amélioration de la laine des moutons français, il devient titulaire de la chaire de zoologie générale au Collège de France.

*En 1783, Daubenton, qui collabore à l'*Histoire naturelle *de Buffon, se retrouve à l'école vétérinaire de Maisons-Alfort où il enseigne l'économie rurale. Au moment de la Terreur, cet infatigable travailleur diffuse des cours de minéralogie au Muséum et, en 1795, des cours d'histoire naturelle à l'Ecole normale.*

Les attaches de ce grand naturaliste avec la Bourgogne sont importantes pour le déroulement de sa carrière. En effet, outre sa collaboration avec Buffon, il faut se souvenir que Daubenton créa "le troupeau de Montbard" qui fut considéré comme l'origine des mérinos de Bourgogne.

Nommé sénateur en 1799, on sait qu'il est mort d'une crise d'apoplexie à l'occasion de la première séance à laquelle il assista.

EXTRAIT DE L'INSTRUCTION POUR LES BERGERS

PREMIÈRE LEÇON
Sur les Bergers

"D. Quel âge doit avoir un Berger pour gouverner un troupeau ?
R. N'importe quel âge il ait, s'il est assez fort pour transporter les claies du parc, et assez raisonnable pour s'occuper de ses devoirs, au lieu de jouer avec ses camarades.
D. Le métier de Berger peut-il occuper un homme, et le faire vivre honnêtement de son état ?
R. Un Berger instruit et soigneux, qui gouverne un grand troupeau, est occupé presque continuellement à le bien conduire pendant le jour, à le faire parquer pendant la nuit, à le nourrir dans la mauvaise saison et le tenir proprement, à traiter ses maladies, etc. Aussi les Bergers ont de bons gages dans les pays où l'on a soin des bêtes à laine ; ils sont bien payés lorsqu'ils savent leur métier, et qu'ils l'exercent soigneusement.
D. Faut-il savoir beaucoup de choses pour être bon Berger ?

R. Il faut savoir plus de choses pour le métier de Berger que pour la plupart des autres emplois de la campagne. Un bon Berger doit connaître la meilleure manière de loger son troupeau, de le nourrir, de l'abreuver, de le faire pâturer, de le traiter dans ses maladies, de l'améliorer, et de faire le lavage et la tonte de la laine. Il doit savoir conduire son troupeau et le faire parquer, élever ses chiens, les gouverner, et écarter les loups.

D. Comment peut-on connaître qu'un jeune homme pourra devenir un bon Berger ?

R. On peut espérer d'en faire un bon Berger, s'il entend et s'il retient ce qu'on lui a dit, aussi bien que les autres jeunes gens de la campagne ; s'il est soigneux et patient ; s'il n'a aucune infirmité qui l'empêche de marcher et de rester debout pendant longtemps.

D. Quelles sont les choses nécessaires à un Berger pour conduire son troupeau dans la campagne ?

R. Un berger doit être assez bien vêtu pour rester toute la journée dans la campagne sans souffrir beaucoup du froid, et pour s'exposer pendant très longtemps à la pluie sans être mouillé jusqu'à la peau. Un Berger doit avoir une houlette, un fouet, un grattoir, un couteau, une lancette et de l'onguent pour la galle.

D. Que doit faire le Berger, s'il a les pieds, les mains, ou quelque autre partie du corps engourdie par le froid ?

R. Il faut prendre des précautions pour empêcher la gangrène, qui pourrait survenir à ces parties : elle fait des progrès rapides. La partie refroidie pâlit et rougit, avec une forte démangeaison ; ensuite elle devient pourprée et noire. Alors, elle ne tarde pas à se détacher et à tomber. Pour empêcher cette gangrène, il faut couvrir ou frotter la partie gelée avec de la neige, ou mettre dessus des linges trempés dans l'eau la plus froide ; ensuite, on frotte cette partie avec des linges pour la réchauffer ; enfin, on peut la plonger dans l'eau dégourdie, ou l'en bassiner ; mais il ne faut pas l'approcher du feu.

D. Qu'est-ce que la houlette, et à quoi sert-elle ?

R. La houlette est un bâton de 1 mètre 60 à 90 cent. (ou de 5 à 6 pieds) de hauteur, ayant au-dessus un fer qui a la forme d'une petite bêche, et au-dessous un crochet recourbé en haut. On peut mettre le crochet à côté du fer plat, et alors il doit être recourbé en bas. Le fer plat de la houlette sert à lancer de la terre après les moutons qui s'écartent du troupeau, pour les y faire retourner. Le crochet sert à saisir les moutons en les accrochant, et en les arrêtant par une des jambes de derrière.

D. Faut-il avoir trois instruments pour servir de grattoir, de couteau et de lancette ?

R. Il suffit d'un seul instrument ; c'est un petit couteau qui se ferme sur son manche. Le bout du manche, étant aplati et aigu, fait un grattoir ; la lame est un couteau ; cette lame, étant pointue et tranchante des deux côtés près de la pointe, sert de lancette par le tranchant opposé à celui du couteau.

D. Que faut-il croire des sortilèges que l'on soupçonne des Bergers d'employer pour nuire aux troupeaux ?

R. C'est très mal fait de soupçonner injustement des Bergers de vouloir faire des sorcelleries ; mais il s'en trouve qui se disent sorciers, ou qui tâchent de le faire croire par des menaces, ou qui promettent de guérir des troupeaux par des paroles ou par des moyens extraordinaires, il faut regarder ces Bergers comme de malhonnêtes gens qui veulent tromper ou se faire craindre, ou comme des gens trop crédules, qui croient pouvoir faire plus qu'il ne leur est possible. Lorsqu'on a un troupeau languissant, ou attaqué de maladie, au lieu de se décourager en croyant que ce mal est l'effet d'un sort jeté sur ce troupeau ou mis dans la bergerie ; au lieu de recourir à des gens qui promettraient de le guérir par des paroles, etc. ; au lieu d'être la dupe de tout cela, il faut redoubler ses soins, et tâcher de guérir le mal par de bonnes nourritures ou de bons remèdes."

Montceau-les-Mines
(Saône-et-Loire)

André Frénaud

(Montceau-les-Mines 1907 - Paris 1993)

Ce poète à l'écoute des moindres séismes de son être jette sur le monde un regard fraternel de dérision et de tendresse. André Frénaud, dans sa quête d'absolu, de sociabilité, tente, dans une langue baroque et tout en même temps familière, de tendre des arches entre l'implacable réalité et un profond souci d'identification cosmique.

Il entre en poésie par ses Rois mages *(1943), mais demeure à tout instant proche du langage des gens de la terre, comme il le montre dans* Paysans *(1951). Après avoir accompli ses humanités à Dijon, André Frénaud étudie le droit et la philosophie à Paris, et il entre dans l'Administration publique (ministère des Finances). C'est à partir de 1941, semble-t-il, alors qu'il se trouve prisonnier en Allemagne, qu'il s'ouvre à la poésie en y intégrant une dimension philosophique.* Enorme Figure de la déesse raison *(1943-1944) est un poème qu'il dédie à André Malraux avant de se consacrer à une œuvre des plus incandescentes au sein de laquelle il faut citer :* Poèmes de dessous le plancher *(1949),* Il n'y a pas de paradis *(1962),* La Sorcière de Rome *(1973),* Haeres *(1982)...*

[…] "Cette vie d'ici n'est pas la nôtre, bien-aimée,
divertis chacun de l'autre par d'anciens ravages,
mais celle de la grave statue crispée que je regarde,
étendue dans un paysage vaporeux…
La lumière longe les ravins, plonge,
et voici que s'éclaire notre ombre sans mensonge,
aurore où toi et moi serons à jamais confondus."

Extrait d'un poème intitulé "Paysage", dans le recueil *Les Rois mages* (page 29) de la collection Poésie © Editions GALLIMARD, 1987.

Nevers (Nièvre)

Gustave Mathieu

(Nevers 1808 - Bois-le-Roi 1877)

Poète et marin n'a rien d'antinomique. C'est ce que fut ce nivernais Gustave Mathieu, fils d'un gros agriculteur devenu membre de l'Assemblée législative. Après avoir passé une partie de son enfance à Marzy, à proximité de Nevers, près du confluent de la Loire et de l'Allier, Gustave Mathieu, ses humanités achevées, entra comme officier dans la Royale puis navigua dans la marine marchande. Vers 1835, il revint en terre nivernaise où il s'occupa d'une exploitation forestière.

Habité par un esprit libéral et gaulois, mais aussi par un vif désir de s'exprimer par la poésie, il monta à Paris, fréquenta la bohême de l'époque, dans des cafés où se retrouvaient des artistes, et se mit à composer quelques chansons un peu gaillardes et foncièrement démocratiques qui lui valurent un certain succès. Alphonse Daudet disait que ce Nivernais ne prisait la campagne qu'en vers.

Son œuvre poétique, rassemblée sous le titre Parfums, chants et couleurs, *fut éditée à Lyon en 1873 avant de paraître chez Charpentier, en 1878, juste après sa mort. Poète à la renommée discrète, Gustave Mathieu, en dépit de sa vie parisienne et du succès que connurent ses chansons, satiriques, gauloises et bachiques, demeura très attaché à sa terre nivernaise.*

JUILLET

Les hirondelles, par milliers,
Allant, venant, d'aile légère
Vont rasant les petits sentiers,
Les eaux, les blés et la bruyère.

Partout, s'élançant des hautes moissons,
L'alouette active a percé la nue,
Modulant, roulant ses longues chansons
Par-delà l'azur, à perte de vue.

De fleurs, d'insectes radieux,
Blancs papillons, papillons bleus,
Tout l'étang rayonne
Et sur ce qui pousse et fleurit,
Ce monde voltige et reluit,
Pépite ou bourdonne ;
Mais tout ce fracas, qui renaît
Plus vif quand le soleil paraît,
Cesse quand il tonne.

Là c'est à qui se mangera,
A qui plus vite subira
La loi d'harmonie.
Le plus faible, acceptant son sort,
Se précipite dans la mort
Comme avec l'envie

De s'épurer par changement,
Dans cet éternel mouvement
De mort et de vie.

Puis, c'est à qui mieux s'aimera,
A qui mieux mieux s'esquivera,
Et tout cela grouille :
Soleil pour tous, chacun pour soi,
Tout animal, suivant sa loi,
Vit et se débrouille ;
Le milan mange le serpent,
Le serpent, nageant ou rampant,
Mange la grenouille.

Et là cependant, nuit et jour,
Un immense concert d'amour
Monte des eaux et du feuillage,
Réjouissant tout l'entourage.

De fleurs, d'insectes radieux,
Blancs papillons, papillons bleus,
Tout l'étang rayonne,
Et sur ce qui voltige et reluit,
Coasse ou bourdonne ;
Mais tout ce fracas, qui renaît
Plus vif quand le soleil paraît,
Cesse quand il tonne.

COUCHER DE LUNE

A l'encontre du vieux clocher
Dont le coq luit sur le village,

Luna rôde pour se cacher
Dans le feuillage.
Un instant, du haut des forêts,
Elle contemple la vallée,
Cuivrant de jaunissants reflets
L'eau crespelée.

Elle descend rapidement ;
On distingue son nez, sa bouche,
Et dans les branches, vaguement,
Un œil qui louche.
Devant cette face d'argent,
Claire, souriante et mi-pleine,
Tous les arbres vont s'allongeant
Dessus la plaine.

La pâle étoile qui la suit,
Comme un blanc vaisseau sa nacelle,
Du ciel qui s'avive et reluit,
Tombe avec elle.
Les dernières jaunes lueurs
Sur les monts lentement s'éteignent,
Les astres, perdant leurs pâleurs,
Dans l'eau se baignent.

La lune a fini sa chanson,
La terre qui tourne et l'emporte
Vient de l'éteindre à l'horizon :
La lune est morte.

(Parfums, Chants et Couleurs, 1878)

Quain

Hameau de la commune de Devrouze (Saône-et-Loire)

Maurice Blanchot

(Quain 1907)

L'œuvre du romancier et essayiste Maurice Blanchot est considérable et mal connue du grand public. Elle occupe néanmoins une place prépondérante dans le monde intellectuel.

Cet auteur à la démarche des plus originales commença dans le journalisme en collaborant, entre 1930 et 1940, au Journal des débats, *à* Combat, *à* L'Insurgé, *à* Réaction, *à la* Revue française *et aux* Ecoutes. *Sa philosophie pessimiste qui transparaît dans ses romans comme dans ses essais et son culte de la protestation, dans une optique essentiellement littéraire et négative, le conduisent à puiser des influences chez des auteurs commme Kafka, Lautréamont, Sade, James Joyce, mais aussi Mallarmé, tout en adoptant une démarche très personnelle. Ses interrogations relatives au grand miracle de l'écriture et à la création constituent le fil rouge de son œuvre.*

Parmi ses très nombreux ouvrages, nous n'en citerons ici que quelques-uns : Thomas l'obscur *(1941)),* Amindab *(1942),* L'Arrêt de mort *(1948),* Le Très-Haut *(1948),* Au moment voulu *(1951),* Le Ressassement éternel *(1951),* Celui qui ne m'accompagnait pas *(1953),* Le Dernier Homme *(1957),* L'Attente, l'oubli *(1962),* La Folie du jour *(1973),* Après coup *(1983)...*

On doit également à Maurice Blanchot des séries d'articles qui seront rassemblées dans différents essais : Faux Pas *(1943),* Lautréamont et Sade *(1949),* La Part du feu *(1949),* L'Espace littéraire *(1955),* La Bête de Lascaux *(1959),* Le Livre à venir *(1959),* L'Entretien infini *(1969),* L'Amitié *(1971),* Le Pas au-delà *(1973),* L'Ecriture du désastre *(1980),* De Kafka à Kafka *(1982),* La Communauté introuvable *(1983). En 1960, lors de la guerre d'Algérie, Maurice Blanchot fut l'un des initiateurs du* Manifeste des 121.

Recey-sur-Ource
(Côte-d'Or)

∴ Lacordaire ∴

(Recey-sur-Ource 1802 - Sorèze 1861)

D'abord avocat, Henri Lacordaire, écrivain et prédicateur de talent, fut un temps, avec Montalembert, le principal collaborateur de La Mennais et participa à la rédaction de L'Avenir (1830). *Prêtre avant de devenir dominicain, et restaurateur en France de l'ordre des Frères prêcheurs, Lacordaire se distingua notamment en fondant à Paris une école libre. Il a ouvert la voie à un renouveau religieux empreint de libéralisme social et politique, mais l'une de ses grandes œuvres fut de se consacrer à l'éducation de la jeunesse. Outre ses conférences, on lui doit en particulier une* Vie de saint Dominique *et de nombreuses* Lettres à des jeunes gens. *L'année de sa mort, il fut reçu à l'Académie Française.*

L'écrivain dominicain Henri Lacordaire avait un frère, Jean-Théodore Lacordaire (Recey-sur-Ource 1801 - Liège 1870) qui laissa son nom en qualité de naturaliste et d'entomologiste. On lui doit notamment une Histoire naturelle des insectes *(1854-1868).*

L'amour divin

(Extrait de la conférence sur *l'Etablissement du règne de Jésus-Christ)*

"Poursuivant l'amour toute notre vie, nous ne l'obtenons jamais que d'une manière imparfaite, qui fait saigner notre cœur. Et l'eussions-nous obtenu vivants, que nous en restera-t-il après la mort ? Je le veux : une prière amie nous suit au-delà de ce monde, un souvenir pieux prononce encore notre nom ; mais bientôt le ciel et la terre ont fait un pas, l'oubli descend, le silence nous couvre ; aucun rivage n'envoie plus sur notre tombe la brise éthérée de l'amour. C'est fini, c'est à jamais fini, et telle est l'histoire de l'homme dans l'amour.

Je me trompe, Messieurs, il y a un homme dont l'amour garde la tombe ; il y a un homme dont le sépulcre n'est pas seulement glorieux, comme l'a dit un prophète, mais dont le sépulcre est aimé. Il y a un homme dont la cendre, après dix-huit siècles, n'est pas refroidie ; qui, chaque jour, renaît dans la pensée d'une multitude innombrable d'hommes ; qui est visité dans son berceau par les bergers et par les rois, lui apportant à l'envi et l'or, et l'encens, et la myrrhe. Il y a un homme dont une portion considérable de l'humanité reprend les pas sans se lasser jamais, et qui, tout disparu qu'il est, se voit suivi par cette foule dans tous les lieux de son antique pèlerinage, sur les genoux de sa mère, au bord des lacs, au pied des montagnes, dans les sentiers des vallées, sous l'ombre des oliviers, dans le secret des déserts. Il y a un homme mort et enseveli dont on épie le sommeil et le réveil ; dont chaque mot qu'il a dit vibre encore, et produit plus que l'amour, produit des vertus fructifiant dans l'amour. Il y a un homme attaché depuis des siècles à un gibet, et cet homme, des milliers d'adorateurs le détachent chaque jour du trône de son supplice, se mettent à genoux devant lui, se prosternent au plus bas qu'ils peuvent, sans en rougir, et là, par terre, lui baisent avec une indicible ardeur les pieds sanglants. Il y a un homme flagellé, tué, crucifié, qu'une inénarrable passion ressuscite de la mort et de l'infamie, pour le placer dans la gloire d'un amour qui ne défaille jamais, qui trouve en lui l'honneur, la paix, la joie et jusqu'à l'extase. Il y a un homme poursuivi dans son supplice et sa tombe par une inextinguible haine et qui, demandant des apôtres et des martyrs à toute postérité qui se lève, trouve des apôtres et des martyrs au seuil de toutes les générations. Il y a un homme enfin, et le seul, qui a fondé son amour sur la terre, et cet homme, c'est vous, ô Jésus ; vous qui avez bien voulu me baptiser, m'oindre, me sacrer dans votre amour ; et dont le nom seul, en ce moment, ouvre mes entrailles et en arrache cet accent qui me trouble moi-même et que je ne me connaissais pas !"

Sacy *(Yonne)*

Restif de La Bretonne

(Sacy 1734 - Paris 1806)

L'écrivain Restif de La Bretonne est un auteur particulièrement prolixe à qui l'on doit de nombreux romans de mœurs, parmi lesquels Le Paysan perverti ou les Dangers de la ville *(1775),* Monsieur Nicolas ou le Cœur humain dévoilé *(1794-1797)...*

Ce polygraphe et fin psychologue, qui fut également imprimeur à Auxerre, a en effet une œuvre considérable. Elle compte, notamment, une fresque romanesque particulièrement riche en détails sur sa vie en Bourgogne. On peut même considérer ses écrits autobiographiques tels, par exemple, La Vie de mon père *(1776-1779) comme un document d'une belle richesse de détails sur la vie à la campagne au milieu du XVIII*[e] *siècle.*

Il écrivit également quelques romans très peu moraux qui s'inscrivent dans le sillage de son contemporain immédiat et grand ennemi le marquis de Sade. Mais il convient, avant tout, de présenter Restif de La Bretonne comme un très remarquable écrivain réaliste.

"Ami de la Vérité ! ne crains pas de lire ! Tu ne seras ni séduit par du clinquant, ni trompé sur les faits. J'ai assez composé de romans, dont les bases vraies n'excluaient pas l'imagination. J'ai soif de la vérité pure, et c'est elle que je te donne, parce qu'elle seule peut être utile dans cet ouvrage.

1734

Je vis le jour en 1734, le 22 novembre, dans le village de Sacy, en latin *Saxiacus, a saxo*, disait messire Antoine Foudriat, pasteur du lieu. En effet, tout le *finage* de mon pays natal est hérissé de pierre calcaire, aisément exfoliée par le labourage sur un sol où la terre végétale n'a que deux à trois pouces d'épaisseur.[1]

Mon père s'est marié deux fois : la première avec Marie Dondène, dont il eut sept enfants ; la seconde, avec Barbe Ferlet de Bertrô. Il en eut également sept enfants, dont je suis le premier. Je fus nommé au baptême par Edme-Nicolas, fils aîné du premier lit, au nom de Nicolas Ferlet, mon aïeul maternel, et par Anne, première née de tous les enfants, au nom et comme représentant feue Anne-Marguerite Simon, ma grand-mère maternelle. Le vieillard ne put se rendre à Sacy, à cause du mauvais temps. Je fus

1. Sacy, de l'ancien évêché d'Auxerre, est à cinquante lieues de Paris, trois de Tonnerre, trois de Noyers, quatre de Vézelay, quatre de Chablis, une de Joux, une de Nitry, une et demie de Vermenton, deux de Saint-Cyr, cinq de Saint-Bris, et sept d'Auxerre. Il y a trois annexes, Courtenay, à demi-lieue, La Loge, à côté de Courtenay, et Vaudupuits, à trois quarts de lieue. Ce dernier hameau était de l'ancienne Bourgogne, et Sacy de la Champagne.

nommé Nicolas-Anne-Edme, mon père voulant que son nom fût le dernier ; mais, à la rédaction de l'acte, Jacques Bérault, le maître d'école, omit Anne, qui ne fut point surajouté, quoique prononcé dans la cérémonie aux interpellations. Il fut ordonné par mon père que mon nom appellatif serait Nicolas. C'est un très beau nom, composé de deux mots grecs, *Nikê* (victoire) et *Laos* (peuple) : il signifie, par conséquent, *Vainqueur*, ou *Dominateur des peuples.*

Ma mère réunissait au même degré la vivacité de l'esprit, la bonté du cœur, et la beauté du corps. Quoique blonde, elle était vive jusqu'à la pétulance ; mais elle savait se réprimer jusqu'à la douceur et la complaisance jamais démenties. Mon père avait également travaillé sur lui-même : il était irascible, et se montrait le plus doux des hommes ; mais il était ardent au travail et dans toutes les occupations utiles. Je fus ainsi formé de trois parties de feu, sur une des autres éléments, à en juger par les passions extrêmes, l'amour, l'audace, la crainte, l'impatience, la colère, l'indignation, le zèle, la compassion, qui toutes eurent en moi une inconcevable énergie. Je fus sans doute conçu dans un embrassement chaud, qui me donna la base de mon caractère. S'il eût été accompagné de dispositions vicieuses, j'étais un monstre ; la preuve de la pureté du cœur de mes parents, c'est ma candeur native... Pour achever d'embraser mon sang et mon caractère, j'eus pour nourrice la femme la plus *tempéramenteuse* du canton (car ma mère ne put m'allaiter ; mon père s'y opposa, sans doute par de bonnes raisons). La bonne Lolive, femme Lemoine, sevra sa fille Nannette, déjà forte, en me recevant ; mais cette chère femme ne put résister aux désirs de son mari, contraints depuis dix-huit mois ; on se crut obligé de me sevrer à six... Mon tempérament en a souffert ; mais je n'en veux pas à ma nourrice : elle m'a toujours si tendrement aimé que je serais un ingrat si je manquais au respect dû à ma seconde mère !

Je fus porté à la messe de minuit ma première année, par une idée superstitieuse de mes sœurs, qui, par là, me voulaient mettre immédiatement sous la protection de l'Enfant Jésus. Leur intention était bonne ; car elles m'aimaient à cause de ma beauté.[1]

1735

J'avais neuf mois, quand on me porta chez M. Collet, ami de mon père, et notaire à Vermenton, au beau dimanche de la fête patronale, c'est la mi-août. On dit que deux petites filles, l'une de cinq ans[2], l'autre de trois ans et demi, s'y disputèrent vivement le titre de ma femme ! On me les a nommées depuis, et c'est une bien grande singularité ! Je n'ai pas été leur mari, mais je les ai adorées toutes deux.

Le premier trait de mon enfance qui me soit resté dans la mémoire est de la fin de ma seconde année. Impatienté de ce qu'on me laissait nu, sans me lacer,

1. Je crois devoir dire bonnement ici, ce qu'on m'a répété souvent, que j'étais le plus bel enfant qu'on eût jamais vu : c'est l'ordinaire, pour les jeunes gens qui ont de grands traits à l'italienne : ils sont beaux jusqu'à l'adolescence. J'ajouterai que l'effet de la dévotion de mes sœurs, blâmée hautement par messire Antoine Foudriat, fut de me donner des coliques, dont j'ai cruellement souffert, jusqu'à l'âge de onze à douze ans !
2. Colette Collet avait cinq ans ; Jeannette Rousseau, fille du notaire de Courgis, où depuis mon frère a été curé, trois et demi.

je m'en pris au miroir de toilette, où ma sœur Margot me montrait ma figure grimaçante : je le brisai d'un coup de manche de couteau de table. Les fêlures m'enlaidirent encore, et les facettes multipliant les objets, je crus voir un monde derrière le miroir ! Ce phénomène suspendit mes larmes, et j'éprouvai mon premier étonnement, ma première admiration ; j'eus ma première réflexion… Je ne fus pas châtié ; ma mère se contenta de pleurer son dernier miroir de toilette…"

St-Sauveur-en-Puisaye

(Yonne)

⁓ Sidonie Gabrielle Colette ⁓

(Saint-Sauveur-en-Puisaye 1873 - Paris 1954)

C'est en terre bourguignonne, dans une vallée de l'Yonne "étroite et solitaire comme un berceau", que la célèbre romancière Colette développa toute sa sensibilité champêtre. "Bêtes et gens s'exprimaient avec douceur", déclara-t-elle. Elle passa son enfance dans cette Bourgogne du nord auprès de parents simples et bons qui lui transmirent l'amour de la nature, des fleurs, des animaux, des cailloux et des êtres humains. Elle reconnaîtra plus tard que, dans ce cadre chaleureux, on avait la passion "de tout ce qui germe, fleurit ou bat des ailes".

C'est donc sur les meules de la terre bourguignonne que Colette affûta et développa son incommensurable amour pour les choses de la campagne qui demeureront la clef de voûte de son œuvre. Cet émerveillement, elle saura le traduire au fil de ses romans. Mais dans Claudine à l'école *(1900), qui paraîtra sous le nom de Willy - son premier mari qu'elle épousa en 1893, Henry Gauthier-Villars de son nom -, elle ponctue son appartenance à la Bourgogne, puisqu'elle raconte comment elle passa son Brevet élémentaire à Auxerre, en 1889, et au prix de quelles péripéties.*

Entre 1900 et 1903, d'autres romans paraissent, toujours sous le nom de Willy : Claudine à Paris, Claudine en ménage, Claudine s'en va. *Mais, en 1904, le nom de Colette entre pour la première fois dans la littérature avec* Sept Dialogues de bêtes. *En 1906, elle divorce, et se remarie en 1913 avec Henry de Jouvenel qui est alors rédacteur en chef du* Matin. *En 1924, elle divorce une seconde fois et se remarie, en 1935, avec Maurice Goudeket.*

Entre 1906 et 1920, après avoir fréquenté les salons parisiens et les cénacles mondains, elle devient mime et fait ses débuts au Moulin-Rouge. Elle participe également, dans le domaine du music-hall, à des tournées en province. De toutes ses transhumances, elle donnera des descriptions dans La Vagabonde *(1910),* L'Envers du music-hall *(1913). Puis elle exercera son talent dans le journalisme, qui est l'une des meilleures écoles d'écriture. Elle collabore à* Excelsior *et au* Matin. *A partir de 1920, Colette donne la pleine mesure de son génie littéraire et produit plusieurs chefs-d'œuvre :* Chéri *(1920),* La Maison de Claudine *(1922),* Le Blé en herbe *(1923),* La Fin de Chéri *(1926),* La Naissance du jour *(1928),* La Seconde *(1929),* Sido *(1930),* La Chatte *(1933),* Duo *(1934).*

En dépit de ses transhumances affectives, de sa vie parisienne, de son statut de femme de lettres reconnue (elle sera reçue à l'Académie royale de Belgique en 1936 et deviendra membre de l'Académie Goncourt en 1944), Colette a toujours conservé son âme bourguignonne, son accent du terroir, son culte de la nature et de la campagne d'où elle a puisé toute la sève, et tout spécialement dans l'Yonne, son pays natal. Si Colette est le principal thème d'inspiration de Colette, derrière tous les pans autobiographiques de son œuvre abondante, il y a ce retour permanent à un monde qu'elle n'a finalement jamais quitté, celui d'une Bourgogne où elle a appris à entrer en pleine et totale communion avec le monde des bêtes : "Ma féerie ne saurait se passer d'animaux", confie-t-elle. Parmi son œuvre romanesque, dont il est impossible, dans le cadre de cette anthologie, d'établir la liste exhaustive, il faut encore citer : Le Toutounier *(1939),* Gigi *(1944),* Le Fanal bleu *(1949),* En pays connu *(1949),* Belles Saisons *(1955).*

Toucy *(Yonne)*

∴ Pierre **Larousse** ∴

(Toucy 1817 - Paris 1875)

Dans l'histoire des Belles Lettres en Bourgogne, le grammairien, littérateur et encyclopédiste Pierre Larousse occupe une place énorme, mais bien en marge de celle des poètes et des écrivains dont il est question dans cette anthologie.

Cet inlassable travailleur et pédagogue émérite fit ses débuts à l'âge de vingt ans en qualité de directeur de l'école primaire de sa ville natale. Il s'appliqua d'emblée à restaurer certaines pratiques de l'enseignement par trop routinières au profit d'un système pédagogique moins mécanique et de nature à privilégier l'esprit d'analyse.

Pierre Larousse n'était pas un poète ou un écrivain au sens traditionnel du terme ; toutefois, outre le dictionnaire qui porte son nom, on lui doit nombre d'études d'une haute portée pédagogique. Il faut citer, notamment, Grammaire élémentaire lexicologique *(1849),* Traité complet d'analyse et de synthèse logiques *(1852),* Gymnastique intellectuelle : les Boutons *(1870) et nombre d'autres ouvrages d'érudition et d'études.*

Mais la notoriété de Pierre Larousse, qui fonda un périodique d'enseignement intitulé L'Ecole normale, *reposé principalement sur la rédaction de son célèbre* Grand Dictionnaire universel du XIXe siècle *qu'il destinait "à tout le monde et sur toute chose". Aujourd'hui, "Larousse" est devenu un nom commun.*

Tournus (Saône-et-Loire)

Albert Thibaudet

(Tournus 1874 - Genève 1936)

Tous ceux qui portent un intérêt vivace à l'histoire de la critique littéraire ou qui ont suivi des cours de lettres modernes connaissent cet éminent essayiste et critique. En effet, Albert Thibaudet, qui fut l'élève de Bergson, est l'auteur d'ouvrages réputés "incontournables" par les spécialistes.

Cet enseignant, qui dispensa ses cours en Suède, en Angleterre et en Suisse et qui fut collaborateur de La Nouvelle Revue française *entre 1911 et 1936, publia notamment une* Histoire de la littérature française de 1789 à nos jours *(qui fut achevée d'après des notes par Jean Paulhan, 1936), des études sur* Mallarmé *(1912-1926),* Flaubert *(1922),* Paul Valéry *(1924),* Stendhal *(1931),* Montaigne *(1932).*

Varzy (*Nièvre*)

Jean-Jacques Dupin

(Varzi 1783 - Paris 1865)

Homme d'Etat, jurisconsulte et homme de lettres, André-Marie-Jean-Jacques Dupin avait, déjà avant la chute de Napoléon (1814), publié de nombreux ouvrages qui faisaient autorité en matière d'étude des lois. Membre de l'Académie Française (1831), il fut, entre autres activités, président de la Chambre des députés de 1832 à 1848. Cet orateur particulièrement distingué publia ses Mémoires *et avait réuni en onze volumes ses* Réquisitoires, Plaidoyers et Discours de rentrée.

De par ses hautes fonctions, il fut un témoin actif à la charnière d'une page importante de l'histoire de notre pays.

L'IMPROVISATION ORATOIRE

"Il est une éloquence écrite qui s'élabore à loisir dans le silence du cabinet. Le patriotisme l'échauffe et l'inspire ; la philosophie la règle, la réflexion la tempère, le goût la polit. Ces doctes harangues, préparées avec art, jettent une vive lumière sur les discussions ; aucune improvisation ne peut égaler leur construction savante, l'enchaînement calculé des preuves, la solidité des déductions. Plaçons (il y a justice) cet immense labeur au premier rang.

Mais n'est-il pas juste aussi de tenir compte, même sous le point de vue littéraire, des difficultés que présente l'action indélibérée de la parole ? Voyez ce qu'a de méritoire et de périlleux la situation dévouée de ces hommes publics, qui, ne consultant que le besoin des affaires, et cédant aux mouvements impétueux d'un cœur vivement ému par les intérêts de la patrie, volent au combat sans prendre le temps de polir leurs armes ! Ah ! sans doute, et si l'on ne veut considérer que le style, ils sont mal écrits ces discours improvisés, car ils ne furent jamais écrits. Est-ce donc sous ce point de vue qu'il en faut juger ?

Dans une composition purement littéraire, la précipitation ne saurait excuser les défauts de l'ouvrage : qui vous pressait de le montrer aux gens ? Mais quand les plus grands intérêts de l'Etat sont en délibération ; si une mesure désastreuse est audacieusement proposée ; si de funestes passions habilement excitées sont sur le point de prévaloir, le temps fait beaucoup à l'affaire. Il faut alors excuser ceux qui, seuls avec eux-mêmes, obligés de se décider à l'instant, ayant aussi leurs propres passions à contenir, vont sur-le-champ, au risque de moins bien dire, s'exposer sur cette mer agitée : car, vous le savez, dans cette région brûlante éclatent les tempêtes ; il faut y tenir tête à l'orage, et se hâter de saisir le trident !

Vous relirez ce discours, si heurté en le prononçant, et quelquefois si imparfaitement reproduit ; vous y chercherez en vain la symétrie d'une composition conforme à toutes les règles de l'art, l'invention, la disposition, le style : il eût fallu du temps ! mais pendant ce temps aussi, une question vitale eût été décidée à contre-sens, et le beau discours fût arrivé comme la seconde édition de la Milonienne, après la cause perdue.

C'est ainsi qu'à l'attaque imprévue d'un camp mal garé le premier qui s'aperçoit du péril jette un cri, saisit ses armes et s'élance à l'encontre des assaillants ; d'autres le suivent et se pressent, jusqu'à ce que cette résistance tumultueuse ait permis à la troupe entière de prendre ses rangs...

Quoique non préparé sur les mots, si l'orateur connaît bien les choses, s'il sent vivement, s'il est soutenu par la conscience du bien ; au milieu même de tant d'isolement, dans ce trouble incessamment apporté au développement de sa pensée par les interruptions les plus vives et les clameurs parfois les plus insensées, dans ce tourment de toutes ses facultés, il lui arrivera de rencontrer des tours, des expressions, des hardiesses qui ne viendraient pas trouver un homme moins fortement excité.

Ce que perdront le style et la belle ordonnance, l'orateur le regagnera du côté de l'action, de cette action oratoire à laquelle les anciens accordaient les trois premiers rangs. Sa main ne tiendra pas un cahier, son œil ne sera pas fixé sur son écriture, il retrouvera l'arme du regard ; son esprit ne sera pas livré aux incertitudes de la mémoire ; libre dans son allure comme ces cavaliers numides qui montaient à cru et sans frein, il luttera corps à corps avec son auditoire, maître de retenir ou de laisser aller son discours, de glisser sur ce qui commencerait à déplaire, comme d'insister sur ce qui aura fait sensation ; et, s'il est bien inspiré, son succès dépassera l'effet des discours les plus étudiés."

Verdun-sur-le-Doubs

(Saône-et-Loire)

Jean-Jacques François **Fertiault**

(Verdun-sur-le-Doubs 1814 - *id.* 1916)

François Fertiault, souvent appelé le doyen des lettres françaises, publie son premier recueil, La Nuit du génie, *en 1835. Cette même année, il monte à Paris et travaille chez le bibliophile Paul Lacroix. Employé de banque pour vivre et poète à ses moments de loisirs, François Fertiault a publié de nombreux recueils, notamment* Au clair pays *(1897).*

Sa poésie, sage, mesurée et sans génie particulier, a le mérite de traduire l'esprit enjoué du Bourguignon. On lui doit également d'avoir chanté sa Bourgogne natale, parfois en patois, comme c'est le cas avec son dialogue entre Les Deux Vignerons *(1884). Mais il est aussi l'auteur d'un* Dictionnaire du langage populaire verduno-châlonnais *(1896), des* Rimes bourguignonnes *(1900) et de nombre de textes érudits, lyriques ou patoisans qui célèbrent la Bourgogne.*

L'ÎLE

Mes tableaux d'autrefois ne sont point oubliés.
Tout enfant, je t'ai vue étalant ta verdure,
Et, coquette, mirant dans l'eau profonde et pure
Le bataillon chantant de tes fins peupliers.

Mais au temps destructeur tes destins sont liés.
Aujourd'hui l'incurie a rompu ta ceinture ;
Non, plus de frondaisons, d'ombrage, de murmure...
Tes flancs contre les flots n'ont plus de boucliers..

Et de toi ce qui reste est plein de charme encore !
On aime le bouquet dont ton front se décore ;
On court avec plaisir, vieille île, dans ton pré ;

On s'attache à ta rive, où moins de force abonde
Et ta pointe est toujours pour moi le lit sacré
Où le Doubs à l'eau verte entre en la Saône blonde.

CHANSON BOURGUIGNONNE

Eho ! ého ! ého !
Les agneaux vont aux plaines,
Eho ! ého ! ého !
Et les loups sont aux bos, — ho ! *(bis)*

Tant qu'au bord des fontaines
Ou dans les clairs ruisseaux,
Les moutons baign't leur laine,
I dansont au préau,
Eho ! ého ! ého !

Mois qu'équ'fois par vingtaines
I s'éloign't des troupeaux
Pour aller sous les chênes
Qu'ri des herbag's nouviaux,
Eho ! ého ! ého !

Et ces ombres lointaines
Leurs y cach'nt leurs bourreaux ;
Car, malgré leurs plaint's vaines,
Les loups croqu'nt les agneaux,
Eho ! ého ! ého !

T'es mon agneau, ma reine ;
Les grand's vill's, c'est les bos,
Par ainsi donc, Mad'leine,
N't'en vas pas du hameau !

Eho ! ého ! ého !
Les agneaux vont aux plaines,
Eho ! ého ! ého !
Et les loups sont aux bos, — ho ! *(bis)*

Vézelay (*Yonne*)

∴ Georges **Bataille** ∴

(Billom, Puy-de-Dôme, 1897 - Paris 1962)

Poète, essayiste et romancier, Georges Bataille fut conservateur à la bibliothèque d'Orléans et directeur de la revue Critique. *Parmi ses œuvres principales, il faut citer* La Haine de la poésie *(1947),* Le Coupable *(1944),* L'Expérience intérieure *(1945),* La Part maudite *(1948)...*

Bien que mort à Paris, Georges Bataille repose à Vézelay, ville où il vécut.

Vézelay (Yonne)

Maurice Clavel

(Frontignan 1920 - Vézelay 1979)

L'écrivain et journaliste Maurice Clavel ne resta jamais insensible aux grands événements de son temps. Il se fit connaître au sortir de la dernière guerre, à laquelle il participa, par deux pièces : Les Incendiaires *(1946) ;* La Terrasse de midi *(1947).*

Il publia également plusieurs romans : La Pourpre de Judée *(1966),* Le Tiers des étoiles *(1972),* La Perte et le Fracas *(1971),* Qui est aliéné ? *(1975),* Nous l'avons tous tué, ce juif de Socrate *(1977)...*

Maurice Clavel, qui avait vécu à Vézelay, repose dans le petit cimetière de cette ville.

Vézelay (*Yonne*)

⁘ Max-Pol **Fouchet** ⁘

(Saint-Vaast-la-Hougue 1913 - Avallon 1980)

Le poète, écrivain, journaliste et critique d'art Max-Pol Fouchet a vécu à Vézelay.

Créateur avec Pierre Desgraupes et Pierre Dumayet des émissions télévisées "Lectures pour tous" (1953-1968) et "Le Fil de la vie" (1954-1958), fondateur, à Alger, de la revue Fontaine *(1939), on lui doit une œuvre romanesque (*La Rencontre de Santa-Cruz, *1976,* La Relevée des herbes, *1980), différents recueils de poèmes (*Les Limites de l'amour, *1942,* Demeure le secret, *1961,* Héraklès, *1978) et plusieurs ouvrages sur l'art (*Bissière, *1955,* Les Nus de Renoir, *1974,* Wilfredo Lam, *1976).*

Vézelay *(Yonne)*

Henri **Petit**

(Avallon 1900 - *id.* 1978)

L'essayiste Henri Petit axa la thématique de sa réflexion et de sa recherche sur l'amour, la mort, la foi chrétienne et le devenir de l'homme. Comme nombre d'écrivains, Vézelay exerça sur lui une certaine fascination.

On lui doit notamment : Les Justes Solitudes *(1965),* Ordonne ton amour *(1966),* Un homme veut rester vivant *(1938)...*

Vézelay (Yonne)

∴ Jules Roy ∴

(Rovigo, Algérie, 1907)

L'écrivain Jules Roy demeure à Vézelay. Il se distingua, pendant la guerre, dans la R.A.F.

Ses livres les plus connus sont : Chants et prières pour les pilotes *(1943),* Retour de l'enfer *(1951),* La Vallée heureuse *(1946),* Les Chevaux du soleil *(1968-1975),* Beau Sang *(1952),* Fleuve rouge *(1957),* L'Amour fauve *(1971),* Pour un chien *(1979),* La Saison de Gaza *(1982),* Etranger mon ami *(1982).*

Cette énumération est loin d'être exhaustive, parce que l'œuvre de Jules Roy, prix Théophraste-Renaudot en 1946, qu'il s'agisse de celle du romancier, de l'essayiste ou de l'auteur dramatique, s'impose par sa rare diversité et par son importance.

Vitteaux (Côte-d'Or)

Joachim **Durandeau**

(Vitteaux 1835 - Date et lieu de décès inconnus)

Joachim Durandeau se destinait à une carrière de notaire, mais il préféra fonder un périodique : le Journal du baccalauréat. *Ce poète, essentiellement tourné vers des thèmes régionalistes, collabora à la* Revue de l'instruction publique *ainsi qu'à* La Libre Conscience *avant de créer, à Dijon, le* Réveil bourguignon.

Auteur de nombreux recueils, il publia notamment Bartholoméo ou le doute *(1867),* Les Sombres *(1867),* Nouvelles Géorgiques *(1879)...*

Cet érudit est également l'auteur de nombreuses études sur des poètes bourguignons, mais aussi, dans la Revue bleue *(1892), d'un texte très autorisé sur* La Renaissance bourguignonne.

L'AUXOIS

Je voudrois te chanter, ô mon pays d'Auxois,
Où le sabot sonore aux pieds du villageois
Retentit ! Petits monts dénudés dont les crânes
Cachent de vieux tombeaux et de sombres arcanes,
Où le fer des labours rebondit sous la main
Au choc des os gaulois et du glaive romain.
Qu'il me plairoit de dire en ta langue rustique
Les exploits de tes preux à cette époque antique
Qui charme notre esprit et fait germer au cœur
L'épi d'or de la gloire et du libre bonheur !
C'est là, sol du Druide, où s'éleva mon âme !
Sur tes dolmens sacrés, où la vaillante lame
De Vercingétorix autrefois se brisa.
L'eau coule au lieu de sang, et l'on m'y baptisa.
Dans un calme village assis près de la *Brenne*
(Comme ce nom gaulois que l'on connaît à peine
Est doux au prononcer !) tout au creux de l'Auxois
Serpenta mon enfance à travers monts et bois.
J'étais sauvage alors ! J'aimais tant à répandre
Partout mon libre instinct ! A monter, à descendre
J'excellais, et souvent mon absence jeta
L'alarme et la douleur au sein qui me porta.
On me croyait perdu lorsque sur toi, Nature,
Je me roulais, fuyant, trop fière créature,
Ce premier pas qui mène aux études sans fin !
Ah ! les fortes leçons qu'exhalait ton grand sein !

Quand maintenant je viens, de mes luttes lointaines
Meurtri, me retremper au frais de tes fontaines
Et contempler encor tes verdoyants contours,
Terre aux flancs argileux chargés de tant de jours,

Il me semble renaître à ton grave sourire,
Tel qu'aux temps où sur moi s'exerçait ton empire !
Nul barde n'a chanté ta gloire et ta rudesse,
Cependant ! nul n'a dit ce que tient de tendresse
Et d'agreste bonheur ton sein fauve et rugueux !
Nul n'ayant peint tes bois, tes monts, tes vallons creux
Et les robustes cœurs qui luttent sur ta terre,
Auxois, sol ferme et fort, où Buffon, solitaire,
Dans sa tour de Montbard, tenta de déchirer
Ce voile où la Nature aime à se retirer,
Hors Buffon, qui de toi prit l'haleine puissante,
Et, durant soixante ans, d'une main incessante,
Compulsant, écrivant, te peignit par endroits,
Nul ne t'ayant chanté, j'élève, moi, la voix !

CONCLUSION

Nombre d'écrivains et de poètes mériteraient assurément de figurer dans cette anthologie. Toutefois, dans une telle entreprise, et par-delà un choix subjectif qui se veut néanmoins le plus large possible, il apparaît bien difficile, pour ne pas dire impossible, d'être exhaustif. C'est la grande injustice qui frappe tous les ouvrages à caractère anthologique.

Parmi les auteurs bourguignons que nous aurions pu citer plus amplement, il y a notamment le chanoine Jean Lebeuf (1687-1760), savant et historien ; l'auteur de la *Gaule poétique*, Louis de Marchangy (1782-1826), originaire de Clamecy ; le littérateur et homme politique Stephen Liégeard (1830-1925) ; la très célèbre médiéviste Régine Pernoud, née à Château-Chinon en 1909 ; les poètes Lucien Paté (1845-1939), originaire de Chalon-sur-Saône, André Mary, né en 1874 à Châtillon-sur-Seine (Côte-d'Or) et mort en 1962 ; Valentine de Saint-Point, la petite-nièce de Lamartine (1875-1953) ; Gustave Gasser, né à Chagny (Saône-et-Loire) en 1879 ; le savoureux Maurice Legrand, disciple de Banville et de Glatigny (1873-1934), connu sous le pseudonyme de Franc-Nohain...

Il faudrait encore évoquer le célèbre pamphlétaire Claude Tillier (Clamecy 1801 - Nevers 1844) et les écrivains Etienne Cabet (1788-1856), qui fut avocat à Dijon ; Abel Moreau, né en 1893 à Seignelay (Yonne), romancier qui évoque avec force et talent la Bourgogne dans nombre de ses ouvrages ; le polytechnicien devenu inspecteur général des postes Edouard Estaunié (1862-1940), natif de Dijon ; le capitaine Jean Tabourot, auteur de plusieurs romans qu'il publie entre 1915 et 1920 sous le pseudonyme de Jean des Vignes Rouges. Ce romancier qui chanta la bravoure des Poilus était originaire de Bligny-lès-Beaune. Plus près de nous, Gaston Chaissac (Avallon 1910).

Dans un registre différent et plus lointain, il ne faut pas oublier Jacques Cazotte (né à Dijon en 1720 et guillotiné en 1792), auteur du *Diable amoureux* (1772), ouvrage considéré comme sulfureux.

Parmi nos contemporains immédiats, il y a de très nombreux poètes et écrivains qui assurent la relève et perpétuent la tradition littéraire d'une Bourgogne génitrice et inspiratrice des talents les plus diversifiés.

INDEX DES VILLES

INDEX DES AUTEURS

Imprimé en France

Achevé d'imprimer sur les presses
de la Nouvelle Imprimerie Laballery, Clamecy
N° 701097

Pour le compte des
Editions ROUDIL

Dépôt légal : février 1997